Patrick Artus
Marie-Paule Virard

La France réinventée

Pour un nouveau modèle social français et européen

Odile Jacob

3, rue Auguste-Comte, 75006 Paris

www.odilejacob.fr

ISBN : 978-2-4150-1341-7

« Aujourd'hui n'est pas le lendemain d'hier.
Il est, au contraire, la veille de demain. »

Charles PÉGUY,
Œuvres complètes, IX, 280.

Introduction

Depuis le début du siècle, le décrochage de l'économie européenne est spectaculaire et ce n'est que récemment que Français et Européens semblent en avoir vraiment pris conscience. Non sans un certain effroi. D'autant que cette prise de conscience intervient au plus mauvais moment, alors que notre monde bascule et que bien des certitudes sont remises en cause, notamment avec le vent nouveau qui souffle d'Amérique.

Avant l'installation de Donald Trump à la Maison Blanche, le diagnostic était déjà inquiétant : le premier quart de siècle a vu en effet notre modèle économique et social malmené comme jamais, soudain impuissant à créer des richesses, à assurer le bien-être du plus grand nombre et à préparer l'avenir de nos enfants, menacé d'être marginalisé au moment où une confrontation économique de première grandeur se dessine entre les États-Unis et la Chine. Or la première année de cette nouvelle présidence crée un nouveau choc majeur. Sur le plan géopolitique, certes, mais aussi économique, avec ses annonces aussi tonitruantes que successives sur les droits de douane, sur la lutte anti-immigration ou sur sa vision de la politique économique, sans parler des appétits du nouveau président visant à annexer le Groenland ou à mettre la main sur les terres rares ukrainiennes.

Les Européens sont sonnés. Tandis que le premier quart du XXIe siècle s'achève sur la clôture du cycle de la mondialisation et l'ouverture d'une nouvelle ère placée sous le signe de la rivalité des puissances, y compris sur le plan économique, l'Europe (et notamment la France) paraît promise au déclin si elle ne parvient pas à relever les défis de long terme qui se profilent à l'horizon. Une croissance potentielle anémique, une démographie flageolante, une productivité en berne, une désindustrialisation que rien ne semble pouvoir stopper, une paupérisation grandissante, un changement climatique inquiétant, des déficits en roue libre… Autant de boulets accrochés aux pieds auxquels il convient désormais d'ajouter – guerre en Ukraine oblige – le poids industriel et financier d'un réarmement à marche forcée alors même que l'Europe ne consacrait encore, au début de 2025, que 1,7 % de son PIB à sa défense contre un objectif réaliste de 3 %. Tout cela dans un contexte de crise profonde pour les deux piliers européens que sont les économies française et allemande. Dès lors, comment réformer en profondeur pour gagner en efficacité, redresser la barre, tout en préservant ce modèle social que le monde entier nous envie et qui, plus que jamais peut-être, « signe » l'exception européenne ?

Les mois qui viennent seront décisifs. Il est bien tard, mais les Européens peuvent encore espérer sauver leur modèle. À condition de tout faire pour extirper l'économie du continent de ce piège à croissance faible en augmentant la quantité et la qualité du travail, en donnant de l'air à une production étouffée sous un déluge de taxes et de normes, en mobilisant l'épargne au service de l'investissement productif dans les secteurs clés de l'innovation, de la recherche, de l'éducation, de la santé et de la transition écologique. Bref, en s'efforçant de retrouver l'efficacité (et l'imagination) perdues car, plus que jamais, « Aujourd'hui n'est pas le lendemain d'hier (mais) au contraire, la veille de demain », pour reprendre une formule de Charles Péguy.

Dans cette perspective, les fondamentaux qui ont porté le modèle économique américain depuis des décennies, ses innovations, ses succès, ses performances, sa capacité à créer des richesses, constituent une source d'inspiration. Les chiffres parlent d'eux-mêmes. Pour ne remonter qu'au début du siècle, la croissance américaine se situe en moyenne chaque année 1 point au-dessus de sa concurrente européenne (un peu moins en 2025 avec respectivement 1,6 et 1 %, selon l'OCDE[1]) et, selon la Banque mondiale, les revenus des Américains sont supérieurs de plus de 40 % à ceux des Européens (en dollars de parité de pouvoir d'achat courant, la parité de pouvoir d'achat prenant en compte l'évolution des prix relatifs). Quant au top 30 des premières capitalisations boursières mondiales, il compte 24 américaines pour seulement 2 européennes (SAP 27e, Novo Nordisk 30e[2]).

Cette efficacité, ces performances, l'Amérique les doit à la fois à un écosystème et à un état d'esprit qui tranchent

1. *Perspectives économiques de l'OCDE*, juin 2025.
2. Au 7 juillet 2025.

avec le modèle européen, notamment pour tout ce qui concerne la culture du risque. Elle les doit aussi à ses gains de productivité, à sa domination dans les secteurs clés de la technologie, de l'espace et de la finance, sans oublier sa suprématie militaire et énergétique. D'Internet à l'intelligence artificielle en passant par l'espace ou l'informatique quantique, les innovations *made in USA* se sont succédé à un rythme soutenu tandis que les grandes entreprises, dont les « sept magnifiques » (Apple, Microsoft, Amazon, Alphabet [Google], Meta Platforms [Facebook], Nvidia et Tesla), éclaboussaient la Bourse de leurs performances.

Toutefois, affirmer que le modèle économique américain constitue une source d'inspiration pour l'Europe ne signifie pas, tant s'en faut, que celui-ci corresponde en tout point au modèle dont les Européens doivent rêver pour eux-mêmes. Pour nos sociétés européennes, le modèle américain présente en effet de nombreuses limites, sur le terrain des inégalités bien sûr, mais aussi sur celui de la gouvernance du capitalisme, notamment de la concurrence, comme du fonctionnement de l'État de droit. Il est même permis d'affirmer que, depuis quelques années, les différences dans ce domaine s'accentuent de part et d'autre de l'Atlantique. Davantage encore sans doute depuis l'installation de Donald Trump à la Maison Blanche. Précisons au passage que, dans cet ouvrage, nous ferons référence au modèle qui a fait la prospérité des États-Unis depuis des décennies, en ayant toutefois le souci de discerner dans quelle mesure la nouvelle politique menée depuis l'élection de Donald Trump risque d'en modifier durablement les caractéristiques.

En mettant en œuvre un projet économique de rupture, le 47e président des États-Unis peut-il espérer, comme il l'affirme, redonner un nouvel élan au rêve américain, ou ne risque-t-il pas au contraire de le fracasser tout en plongeant la planète dans l'instabilité et l'incertitude ? C'est toute la question qui promet d'agiter les esprits dans les mois et les années qui viennent tant l'Amérique occupe une place à part dans le concert économique mondial. Avec, en toile de fond, l'affrontement annoncé de deux conceptions du capitalisme, l'une pensée comme instrument de puissance (celle des « empires » américain et chinois), l'autre comme marché ouvert (celle de l'Europe).

Contraints par ces ruptures qui s'imposent à nous, et tandis que la planète vit au rythme des initiatives américaines, le moment nous paraît en tout cas venu d'explorer les conditions d'un véritable sursaut européen. Face au choc Trump, l'Europe doit réagir pour éviter de sortir de l'Histoire, c'est-à-dire mobiliser toutes les énergies et se donner enfin les moyens de faire mentir les pronostics qui, tous, annoncent le décrochage européen. La France est au premier chef concernée par ce défi.

Après un constat détaillé des atouts et des handicaps respectifs des deux modèles, nous allons tenter de dessiner des pistes, de formuler des propositions qui, selon nous, seraient susceptibles de marier efficacité et équité afin d'élaborer un système capable à la fois de restaurer la compétitivité du continent et d'assurer aux citoyens européens un niveau et une qualité de vie qui préservent leurs valeurs, leur bien-être et l'avenir de leurs enfants.

Gagner en efficacité tout en préservant la spécificité d'un modèle social, environnemental, culturel et démocratique unique, c'est possible. La meilleure preuve ? Ce modèle existe déjà sur notre continent. Aujourd'hui, l'Europe du Nord est sans doute l'endroit du monde où collectivement on concilie le mieux compétitivité, solidarité, innovation, transition écologique et… réarmement face à la Russie.

Toutefois, tout comme il faut résister à la tentation de classer le moment Trump au rayon des accidents de l'Histoire, il faudra résister à la tentation d'ignorer la crise des sociétés occidentales. De l'autre côté de l'Atlantique, il est incontestable que Donald Trump a su prendre appui sur les colères d'une société américaine malmenée à la fois sur le front économique (le pouvoir d'achat), social (les victimes de la désindustrialisation) et sociétale (la mise en avant des minorités au détriment d'une majorité silencieuse). En Europe aussi, nos sociétés sont fragilisées par des fractures de toutes natures (sociale mais aussi numérique, climatique, industrielle, géopolitique…) dont il nous faudra tenir compte dans une réflexion autour de l'avenir du modèle européen. Surtout si l'on adhère à la thèse de Daron Acemoglu, Simon Johnson et James Robinson, les trois prix Nobel d'économie 2024, selon laquelle c'est la démocratie qui fabrique la croissance et non l'inverse[1]. À méditer quand l'époque laisse entrevoir le retour en force des empires.

1. Daron Acemoglu, Simon Johnson et James Robinson ont reçu le prix Nobel d'économie 2024 pour leurs travaux sur les différences de prospérité entre les nations. Ils analysent notamment comment les institutions et leur fonctionnement favorisent, ou au contraire entravent, la croissance économique.

CHAPITRE 1

L'Europe a décroché, la France plus encore

Depuis le début du siècle, le décrochage de l'économie européenne par rapport à l'économie américaine est spectaculaire. Il suffit de comparer l'évolution de la croissance du PIB aux États-Unis et en zone euro sur la période pour mesurer la faiblesse de la seconde (voir graphique 1). Depuis 2002, le PIB américain a augmenté de quelque 60 %, deux fois plus que le PIB européen. En 2024, il a encore progressé de 2,8 % contre 0,7 % seulement en zone euro. Pour 2025 et 2026, les projections du FMI[1] sont respectivement de 1,8 % et 1,7 %, 0,8 % et 1,2 %, l'écart s'étant toutefois sensiblement réduit en raison des errements des premiers mois de l'administration Trump.

Cette glissade, qui n'en finit pas de ce côté-ci de l'Atlantique, est amorcée depuis longtemps. Le mouvement

1. FMI, *Perspectives de l'économie mondiale*, avril 2025.

s'est amplifié à partir de 2009, et il a pris une telle ampleur que les dirigeants européens ont fini par sérieusement s'en émouvoir. De ce point de vue, la publication du rapport de Mario Draghi en septembre 2024[1] a fait l'effet d'un électrochoc tandis que l'ancien président de la Banque centrale européenne (BCE) n'hésitait pas à jeter du sel sur la plaie grande ouverte : « Depuis 2000, le revenu disponible par habitant a augmenté deux fois plus vite aux États-Unis que dans l'UE[2]. » En dollars courants, la richesse par habitant stagne à un peu plus de 41 000 dollars par an contre près de 83 000 dollars outre-Atlantique[3]. Le rêve d'une Europe « grande puissance économique », si doux aux oreilles de nombre de dirigeants politiques français, du général de Gaulle à Emmanuel Macron, ressemble de plus en plus à un cauchemar. L'économie de l'Union européenne (UE) paie chèrement l'absence d'une vision stratégique claire comme son incapacité à gérer les chocs, depuis le krach de 2008 jusqu'à l'invasion de l'Ukraine par la Russie en passant par la pandémie du covid et, demain peut-être, les effets plus ou moins disruptifs de l'installation de Donald Trump à la Maison Blanche.

Avec une inquiétude particulière pour nous Français : si le portrait de groupe européen n'est guère flatteur, le profil qui se dessine de l'économie française l'est encore moins. Quels que soient les éléments d'analyse retenus (productivité, effort de R&D des entreprises, investissements en nouvelles technologies, poids de l'industrie, taux d'emploi, compétences des jeunes et des adultes, balance commerciale…), force est en effet de constater

1. *The Future of European Competitiveness*, 9 septembre 2024.
2. *Ibid.*
3. Banque mondiale, chiffres 2023.

Graphique 1.
Évolution du PIB en volume (100 T1 2002)

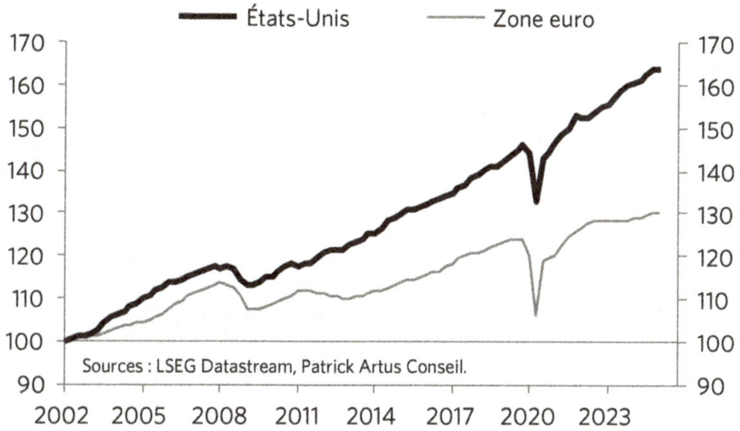

que l'économie tricolore a décroché par rapport à celles des autres pays de la zone euro exactement comme l'économie de la zone euro a décroché par rapport à celle des États-Unis. Cet affaiblissement de la situation relative de la France remonte dans la plupart des cas à 2008. Le résultat est une croissance anémique de 0,6 % (prévision FMI) et peut-être moins en 2025, une productivité en baisse de 2,4 % depuis 2019, une désindustrialisation qui semble irrésistible et n'est pas compensée (comme, par exemple, aux États-Unis) par le développement d'un important secteur technologique, un déficit commercial de 81 milliards d'euros en 2024, la paupérisation de pans entiers du territoire, sans parler d'une dette publique astronomique de 3 346 milliards d'euros (114 % du PIB) à la fin du premier trimestre 2025, de la dégradation de la qualité du service public (éducation, santé, sécurité) en dépit d'un déficit public qui dépassera probablement les 5,5 % en 2025, et pour finir une richesse par habitant inférieure de plus de 15 % par rapport à celle de l'Allemagne. Amorcé avec la crise financière de 2008, cet affaiblissement de la situation relative de la France sur son propre continent a été encore amplifié par la crise politique ouverte à l'été 2024 avec la dissolution de l'Assemblée nationale. Pour être attractif, en particulier pour les investissements industriels, un pays doit être stable et son économie inspirer confiance. Tel n'est plus le cas de la France actuellement.

L'Europe, zone de déclin démographique et de quasi-stagnation économique

Les performances des économies américaine et européenne ont commencé à diverger sérieusement lors des deux dernières décennies du XXe siècle. Pendant les Trente Glorieuses, la seconde avait prospéré dans une logique de rattrapage par rapport à la première. Un rattrapage à base d'accumulation de capital (au départ *via* le plan Marshall), de savoirs portés par des systèmes éducatifs tournés vers les technologies en provenance des États-Unis. Avec à la clé, pendant cette période, une croissance de 5 à 6 % contre 3 à 4 % pour les États-Unis. Mais dès lors qu'elle s'est rapprochée de la frontière technologique et que l'innovation et la connaissance sont devenues les principaux moteurs de croissance, l'économie européenne a commencé à caler.

Amorcé dès les années 1980, le phénomène a pris de l'ampleur avec la crise financière de 2007-2008 avant de franchir une nouvelle étape à la veille de la crise sanitaire de 2020. Année après année, tous les indicateurs ont viré au rouge vif : stagnation de la productivité du travail, baisse du taux d'investissement des entreprises, recul des exportations, de la production manufacturière, de l'emploi… Désormais, l'écart entre le rythme de croissance des États-Unis et celui de la zone euro ne surprend plus personne. Depuis le début du siècle, c'est-à-dire sur une période de vingt-cinq ans, il a atteint en moyenne 1 point par an en volume (2,19 % contre 1,18 % selon nos calculs[1]). Le Vieux Continent est ainsi devenu insensiblement une zone de quasi-stagnation économique associée à un phénomène de déclin démographique. Depuis 2012, la population des 15-64 ans diminue chaque année tandis que le taux de fertilité n'en finit plus de baisser : en 2022, il s'élevait à 1,46 naissance par femme en moyenne dans l'Union européenne, 1,79 en France (et même 1,62 pour la France en 2024).

Afin de mieux comprendre ce qu'il s'est passé, il faut prendre la peine de démonter la mécanique de la croissance pour analyser l'évolution de quatre facteurs essentiels de production : le capital, la technologie (dépenses en recherche-développement, investissements en nouvelles technologies), le travail (la quantité et les qualifications) et l'énergie (disponibilité d'une énergie abondante et peu chère).

La différence ne se fait pratiquement pas sur les deux derniers facteurs (travail et compétences, énergie). Sur le front du travail et des compétences, on observe une croissance similaire de l'emploi (bien que la population en âge de travailler ait progressé un peu plus vite aux États-Unis) et un niveau de compétences à peu près équivalent des deux côtés de l'Atlantique (les résultats de la dernière enquête PIAAC de l'OCDE[2] qui fait référence sur les compétences

1. Artus P., « Les quatre facteurs essentiels de la croissance : le capital, le travail, la technologie, l'énergie », *Ossiam, Flash Economie n° 24*, 7 mars 2025.
2. *Do Adults Have the Skills They Need to Thrive in a Changing World ? Survey of Adult Skills 2023*, OCDE, décembre 2024.

des adultes sont très comparables, seule l'Allemagne sort légèrement du lot avec un score de 267 contre 253 pour la France, 251 pour les États-Unis et 240 pour l'Italie). Quant à l'énergie, c'est le prix du gaz naturel qui, depuis le début de la guerre en Ukraine, est nettement plus élevé de ce côté-ci de l'Atlantique, ce qui en principe est de nature à réduire l'offre de biens et services, en particulier de biens industriels. Toutefois, on observe qu'en dépit de cet avantage, la production manufacturière américaine ne progresse pas plus vite que l'européenne.

En revanche, c'est sur le stock de capital productif, sur l'investissement en nouvelles technologies et sur les dépenses de R&D que se fait la différence. Le stock de capital productif a augmenté sensiblement plus vite aux États-Unis qu'en zone euro (+ 75 % depuis 2002 contre + 50 % seulement en zone euro). Quant au taux d'investissement en nouvelles technologies et aux dépenses en R&D (totales et des entreprises), ils sont incomparablement plus élevés outre-Atlantique (3,8 % de PIB investis dans les TIC, y compris les logiciels, contre 2,4 % de PIB en zone euro).

En résumé, notre modèle suggère que l'impact de l'écart de croissance de la population en âge de travailler comme du surplus de production industrielle attribuable au faible prix de l'énergie serait négligeable pour expliquer le différentiel de 1 point par an en moyenne entre la croissance américaine et la croissance européenne depuis près d'un quart de siècle mais qu'en revanche il peut être attribué pour 0,75 point au progrès technique et 0,25 point à l'écart de croissance du capital[1]. Au final, c'est bien l'évolution de la technologie et du stock de capital qui

1. Artus P., « Les quatre facteurs essentiels de la croissance : le capital, le travail, la technologie, l'énergie », art. cit.

expliquent l'essentiel de l'écart de productivité[1] entre l'économie américaine et l'économie européenne, qu'il s'agisse de la productivité du travail ou de la productivité globale des facteurs[2]. Des conclusions corroborées par le diagnostic posé par le rapport Draghi (voir encadré 1).

Encadré 1. Rapport Draghi : investir 800 milliards d'euros par an

Le constat initial du rapport de Mario Draghi, l'ancien gouverneur de la Banque centrale européenne, publié le 9 septembre 2024[3], est le point de départ de notre réflexion. Il constate qu'il y a décrochage du revenu par tête de l'Europe par rapport aux États-Unis, un décrochage dû surtout au faible niveau des gains de productivité en Europe.

En guise d'explication, l'auteur recense un grand nombre de handicaps européens, en particulier :

- la faiblesse de la taille des entreprises technologiques ;
- la difficulté des innovations européennes à passer au stade de la commercialisation ;
- l'absence d'effort coordonné des pays (pour investir, pour développer une industrie européenne de l'armement) ;
- la longueur des délais parlementaires et administratifs ;
- l'insuffisante interconnexion des réseaux ;
- la fragilité du financement des innovations ;
- l'insuffisance des talents et de la matière grise ;
- le prix élevé de l'énergie.

L'ancien gouverneur en déduit l'urgence de mettre en œuvre des solutions, et propose en particulier de :

1. La productivité est définie comme le rapport, en volume, entre une production et les ressources (ou facteurs de production) mises en œuvre pour l'obtenir.
2. La productivité globale des facteurs est la part de la croissance économique qui n'est pas expliquée par l'augmentation du volume du capital et du volume du travail mais veut mesurer l'efficacité de la combinaison productive.
3. *The Future of European Competitiveness*, *op. cit.*

- protéger les industries naissantes, notamment celles liées à la transition énergétique ;
- décorréler le prix de l'énergie du coût marginal de production de l'énergie ;
- ouvrir des mines en Europe et réduire la dépendance de l'Europe pour les métaux critiques ;
- simplifier les réglementations et passer à la majorité qualifiée pour les décisions européennes ;
- réduire les délais d'obtention des permis de construire pour l'éolien et le solaire ;
- augmenter le nombre d'étudiants en sciences, technologie, sciences de l'ingénieur, mathématiques ;
- concentrer l'effort sur les technologies où l'Europe est en avance ;
- achever le marché unique ;
- accompagner la coordination des politiques énergétiques par celle des politiques industrielles ;
- réaliser l'Union des marchés de capitaux (harmonisation des droits des faillites, régulation unique des marchés financiers, création d'une dette publique européenne) ;
- développer le capital-risque ;
- créer des fonds de pension et développer les financements non bancaires, relancer la titrisation.

Le rapport suggère aussi que l'Europe accroisse ses investissements (publics et privés) de 800 milliards d'euros par an (4,5 points de PIB), dans le domaine de la transition énergétique, du numérique, du financement des innovations de rupture. Des propositions dont la mise en œuvre peut se heurter à diverses difficultés : l'aversion forte pour le risque des épargnants européens, la rentabilité faible des entreprises européennes par rapport aux firmes américaines, l'insuffisance des financements disponibles pour les investissements additionnels nécessaires.

La panne de productivité, l'anomalie la plus grave de l'économie européenne

Selon le rapport Draghi, 70 % de l'écart de revenu disponible par habitant s'explique en effet par la médiocrité de la productivité européenne. Un coup d'œil sur le graphique des gains de productivité par tête le confirme (voir graphique 2) : l'écart États-Unis/zone euro ne cesse de se creuser depuis quinze ans. Depuis 2002, la productivité par tête a augmenté de plus de 40 % aux États-Unis contre un modeste 10 % en zone euro. La situation s'est encore dégradée au cours de ces dernières années avec une stagnation de la productivité en zone euro prise dans son ensemble entre 2021 et fin 2024.

Cette panne sèche de la productivité affecte particulièrement l'industrie, et c'est là incontestablement l'anomalie la plus grave qui plombe l'économie européenne. En effet, autant il est « normal » que la productivité du travail stagne dans les services dès lors que le taux d'emploi des personnes peu qualifiées y progresse sensiblement (ce qui est le cas en zone euro depuis plus de dix ans), autant il est anormal qu'elle stagne aussi dans l'industrie manufacturière (normalement, la productivité du travail progresse plus vite dans l'industrie que dans les services ou dans l'ensemble de l'économie), ce qui est pourtant le cas depuis 2018. Le phénomène, associé au faible pouvoir de fixation des prix en raison de la concurrence étrangère, explique la baisse de la profitabilité des entreprises industrielles européennes et par conséquent la faible incitation à y investir. Alors, que s'est-il passé ?

Graphique 2.
Productivité par tête (100 T1 2002)

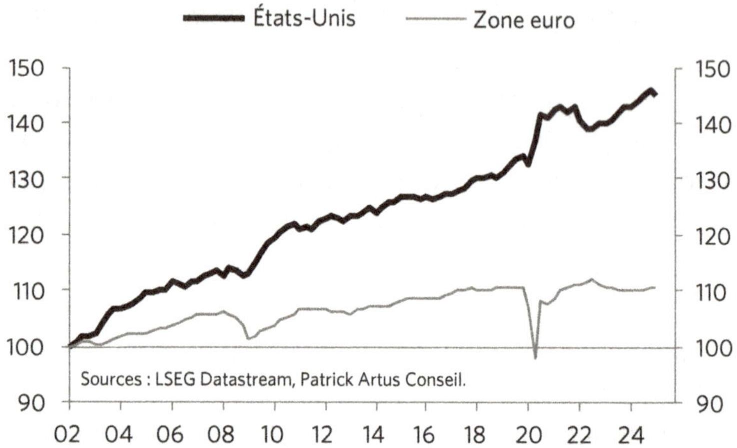

Une des explications souvent avancées après la pandémie de covid est que, pour éviter la perte de capital humain et les difficultés de recrutement, sans parler de l'impact politique et social, les entreprises industrielles européennes auraient fait le choix de ne pas licencier malgré le recul de l'activité. Toutefois cet argument ne tient plus cinq années plus tard, et il tient d'autant moins que le décrochage de la productivité européenne avait débuté bien avant la pandémie : dès le milieu des années 1990, et plus encore à partir de 2007-2008, époque où le phénomène a pris de l'ampleur.

Nous pensons plutôt que cette anémie pernicieuse de la productivité dans l'industrie est essentiellement due à la faiblesse de l'investissement en nouvelles technologies (respectivement 3,8 % et 2,4 % du PIB en valeur de chaque côté de l'Atlantique) et à celle des dépenses en recherche-développement des entreprises (celles-ci représentent 2,8 % du PIB en valeur aux États-Unis, 1,5 %

en Europe, 1,4 % en France). Une comparaison entre les pays membres de l'OCDE confirme que ces deux variables, taux d'investissement en nouvelles technologies et dépenses de R&D, influencent fortement les écarts de productivité : une hausse de 1 point de PIB par an du taux d'investissement en nouvelles technologies débouche sur une augmentation de 0,8 point en gains de productivité. De même, une augmentation de 1 point de PIB par an des dépenses de R&D produit un surcroît de 0,9 point en gains de productivité. C'est donc bien l'efficience productive européenne qui est en cause : pas de redémarrage de la productivité en zone euro tant que l'économie demeurera aussi peu technologique. L'Europe a tout simplement raté le virage de l'économie de l'innovation et de la connaissance.

Une recherche-développement privée défaillante

À ce constat global, il faut toutefois immédiatement ajouter une nuance importante : la contre-performance européenne en matière de recherche-développement n'a rien à voir avec la R&D publique, qui a significativement progressé en Europe depuis le début du siècle et se situe aujourd'hui à un niveau tout à fait comparable à celle des États-Unis (0,42 % de PIB pour l'Union européenne contre 0,35 % pour les États-Unis). De la même façon, l'écosystème public européen soutient tout à fait la comparaison quant à la qualité de ses chercheurs ou au rayonnement de ses publications scientifiques. Le continent européen jouit en effet d'une recherche académique dynamique, innovante et mieux financée (0,48 % du PIB) que ses consœurs américaine (0,36 %) ou chinoise (0,20 %). L'Europe peut s'enorgueillir de la diversité des travaux de ses chercheurs (23,5 % des chercheurs de la planète sont installés sur notre continent, contre 18 % aux États-Unis et 21 % en Chine), du nombre et de la qualité de leurs publications comme du nombre de brevets déposés. En 2021, dernier chiffre connu, la Chine a déposé très précisément 6 106 familles de brevets triadiques[1], les États-Unis 14 341 et l'Europe 11 230. Quant aux publications scientifiques, on en a dénombré en 2023 presque autant en Europe qu'en Chine (respectivement 1 030 000 et 1 040 000) et 714 000 aux États-Unis ; et si on se limite aux 10 % d'articles scientifiques les plus cités, 54 000 sont d'origine chinoise, 36 000 d'origine américaine et 32 000 d'origine européenne. Autant de repères qui confirment que la quantité et la qualité de la recherche fondamentale se situent au même niveau dans l'Union européenne, aux États-Unis ou en Chine.

En revanche, c'est du côté de la recherche privée européenne que le bât blesse. Les entreprises européennes ne consacrent que l'équivalent de 1,5 % du PIB à la recherche-développement contre 2 % en Chine et 2,8 % aux États-Unis, autrement dit il y va quasiment du simple au double entre l'UE et les États-Unis. Parmi les 2 000 entreprises qui, dans le monde, sont les plus actives en la matière (pour un montant total de 1 258 milliards d'euros en 2023), 42,3 % sont américaines, 17,1 % sont chinoises et 18,7 % européennes (2,5 % sont françaises),

1. Un brevet triadique est un brevet qui a été déposé auprès de l'Office européen des brevets et de l'Office japonais des brevets et délivré par le Patent & Trademark Office des États-Unis.

selon le classement publié chaque année depuis vingt ans par la Commission européenne[1]. En Europe, la France ne compte qu'une cinquantaine d'entreprises classées parmi les 2 000 entreprises mondiales les plus actives en R&D pour un total investi de 34 milliards d'euros (c'est deux fois moins qu'en Allemagne qui classe 106 entreprises pour 120 milliards d'euros). Dans le top 10, 6 sont américaines, dont Alphabet qui arrive en tête avec 40 milliards d'euros, suivi par Meta (33 milliards) et Apple (27 milliards) qui, avec Microsoft et ses 27 milliards d'euros d'investissement R&D composent le quatuor de tête. Seule firme européenne du top 10, comme c'était déjà le cas dix ans plus tôt, Volkswagen pointe en 5e position (22 milliards d'euros). La nature de son activité confirme le diagnostic global : la R&D privée européenne (et française) reste concentrée sur la construction automobile et insuffisamment présente dans les innovations de rupture.

Dans le piège de la « trappe à technologie moyenne »

Au printemps 2024, un groupe composé d'économistes allemands, français et italiens a publié un rapport[2] qui dit tout des tenants et des aboutissants de ce qu'il faut bien appeler une défaillance sur le front de la R&D et des nouvelles technologies. L'économie européenne est prise au piège de ce que les auteurs qualifient de « trappe à

1. *The 2024 EU Industrial R&D Investment Scoreboard*, Commission européenne, décembre 2024.
2. Fuest C., Gros D., Mengel P.-L., Presidente G., Tirole J., *EU Innovation Policy. How to Escape the Middle Technology Trap*, IEP@BU, 8 avril 2024.

technologie moyenne » et leurs prédictions ne sont guère rassurantes : « L'UE est en train de perdre la course à l'innovation, renonçant ainsi à son bien-être économique et à son influence réglementaire et géopolitique. [...] Son absence totale dans le groupe des 20 premières entreprises technologiques et des 20 premières start-up est de mauvais augure », diagnostique Jean Tirole, prix Nobel d'économie 2014, membre de la Toulouse School of Economics et coauteur du rapport.

En Europe, ce que les auteurs appellent la « *middle technology* » (notamment la construction automobile et la chimie) absorbe en effet encore plus de la moitié de la R&D privée quand les États-Unis ont basculé depuis longtemps dans les nouvelles technologies. Ils mettent notamment en avant le top 3 des dépenses de R&D par secteur d'activité sur la période 2003-2022 (avec l'étape intermédiaire de 2012) pour illustrer la divergence croissante qui s'est installée de part et d'autre de l'Atlantique quant à la nature de l'effort accompli. Aux États-Unis, les groupes qui composaient le top 3 de 2003, deux constructeurs automobiles (Ford et General Motors) et un pharmacien (Pfizer), ont purement et simplement disparu du top 3 dès 2012 pour laisser la place à Alphabet, Meta et Microsoft, trois firmes de la Big Tech. En ce qui concerne le classement des firmes de l'Union européenne, en revanche, la construction automobile continue d'accaparer les premières places puisque Mercedes Benz et Volkswagen figurent à chaque décennie dans le trio de tête, rejointes par le groupe allemand Bosch[1] en 2012.

1. *Industrial R&D Investment Scoreboard*, 2004, 2013 et 2023.

Certes, la R&D permet aux constructeurs automobiles européens de doter leurs chaînes de production du dernier cri de la technologie, mais ces avancées ne requièrent pas la même intensité de recherche et n'offrent pas le même potentiel de croissance que les industries high-tech. D'autant que l'on est bien obligé de constater que cet effort n'a pas permis pour autant à la construction automobile européenne de faire la différence avec ses homologues américaine et chinoise capables de prendre appui sur leur leadership dans l'électrique et les technologies de conduite autonome. L'automobile européenne est en crise et ses entreprises, hier leaders, sont désormais dépassées par de nombreux concurrents étrangers, à commencer par les constructeurs chinois. Ainsi l'allemand Bosch est dominé sur les batteries comme sur les logiciels en dépit d'un énorme budget R&D (8 à 9 % de son chiffre d'affaires, soit 6 à 7 milliards d'euros) et du dépôt de quelque 4 000 brevets par an tandis que ses homologues chinois investissent massivement (notamment BYD, qui emploie plus de 100 000 ingénieurs et techniciens dans 11 centres de recherche dans le monde) et que l'empire du Milieu, avec 31 millions de véhicules et 34 % du total mondial en 2024, est devenu le centre du monde automobile et, de très loin, le premier exportateur mondial (6,4 millions de véhicules en 2024).

En 2025, l'économie européenne reste donc dominée par ses secteurs traditionnels (l'automobile mais aussi la chimie), là où les États-Unis ont basculé depuis longtemps vers les nouvelles technologies (software et hardware) et les biotechs, lesquelles additionnées captent 78 % de la R&D privée aux États-Unis contre 36 % en Chine et seulement 26 % en Europe. 61 % du financement mondial de l'intelligence artificielle sont ainsi à mettre à l'actif de l'Amérique contre 17 % pour la Chine et seulement 6 % pour l'Europe. En fait, l'Europe est restée encalminée dans cette « trappe à technologie moyenne » avec des investissements centrés sur les technologies du siècle passé. Or une innovation, même spectaculaire, sur une voiture ou un lave-vaisselle améliore assez peu la productivité d'une économie.

La situation française illustre parfaitement celle d'une économie piégée dans la trappe à technologie moyenne. La désindustrialisation de l'Hexagone est forte (la valeur ajoutée manufacturière ne représente plus que 9 % du PIB en volume) en raison certes du niveau élevé du coût du travail mais aussi de la faiblesse du niveau de gamme de l'industrie. Et, contrairement à ce que l'on observe aux États-Unis, cette saignée industrielle n'a pas été compensée par un développement important du secteur des nouvelles technologies.

Une situation qui s'explique notamment par les difficultés de financement auxquelles les acteurs du secteur sont confrontés, difficultés qui résultent de la quasi-inexistence de fonds de pension avec son corollaire, la faible taille des fonds de capital-risque, qui n'ont levé en tout et pour tout que 2,8 milliards d'euros en 2024 contre 250 milliards de dollars aux États-Unis. Un terrible handicap que la France partage avec l'Europe tout entière : « Le cœur du problème en Europe est que les nouvelles entreprises avec de nouvelles technologies n'émergent pas dans notre économie. De fait, aucune entreprise européenne avec une capitalisation de plus de 100 milliards d'euros n'a été créée pendant ces cinquante dernières années. Inversement, les dix entreprises américaines valant plus de 1 000 milliards d'euros ont été créées pendant cette même période[1]. »

À ce problème de faible taille du capital-risque dans l'Union européenne, il faut rajouter celui de l'insuffisance criante des liens entre recherche universitaire et recherche en entreprise. Un handicap qu'il est plus qu'urgent de surmonter d'autant que, de l'autre côté de l'Atlantique, la nouvelle administration américaine semble en passe de casser ce qui constitue depuis des décennies une source permanente d'innovation et de renouvellement du tissu économique. Nous y reviendrons.

L'Europe est fâchée avec Schumpeter

Tout se passe comme si l'industrie européenne se révélait incapable de se renouveler afin de générer une croissance économique de long terme. La photo de groupe des grandes entreprises ne laisse guère de place pour le doute : le dynamisme de la zone euro souffre du faible renouvellement du tissu industriel et d'un niveau élevé de protection de l'emploi, deux facteurs caractéristiques de ce *statu quo*. Autrement dit, l'Europe est fâchée avec Schumpeter : elle n'est pas la championne de la destruction créatrice. Neuf des dix plus grandes entreprises de la zone en termes de capitalisation boursière existent depuis longtemps et huit d'entre elles opèrent dans des secteurs traditionnels (LVMH, Hermès International, L'Oréal, SAP, Christian Dior, Siemens, TotalEnergies, Inditex, Airbus), quand aux États-Unis neuf entreprises sur dix sont de création

1. Draghi M., *The Future of European Competitiveness*, *op. cit.*

récente et évoluent dans le secteur des nouvelles technologies (Microsoft, Apple, Nvidia, Amazon, Alphabet, Meta, Eli Lilly, Broadcom, Tesla).

Globalement, le Vieux Continent est celui des occasions manquées. Dans les années 1990, l'Europe a raté le virage Internet. Au début de la décennie 2010, l'avance qu'elle avait conquise dans les panneaux solaires a été rapidement taillée en pièces par la Chine. Puis ce fut le tour des batteries de connaître le même sort ; aujourd'hui, les trois quarts sont *made in China*. Même dans la pharmacie, longtemps point fort de l'industrie européenne, les biotechs, la branche la plus prometteuse du moment, se développent essentiellement aux États-Unis. Les chiffres des demandes internationales de brevet confirment ce que l'on observe sur le terrain : dans le secteur de l'informatique et du numérique, 55 % des dépôts sont américains contre 21 % seulement pour l'Union européenne. De même, dans la pharmacie et la biotech, les États-Unis trustent 58 % des demandes contre 26 % pour l'UE[1]. Quant à l'intelligence artificielle, c'est peu dire que l'UE est en retard… En février 2025, Ursula von der Leyen, la présidente de la Commission européenne, a annoncé un plan d'investissements de 200 milliards d'euros pour l'IA (dont 150 milliards venant de grands groupes), « le plus grand partenariat public-privé dans le monde pour le développement d'une IA fiable », a-t-elle précisé. Mieux vaut tard que jamais.

La défaillance productive de l'Europe, notamment dans les innovations de rupture, a évidemment des conséquences majeures sur la profitabilité des entreprises et,

1. World International Property Organization (WIPO), 2022.

sur le plan macroéconomique, sur la croissance potentielle. Tant que les entreprises européennes proposeront péniblement un rendement des capitaux propres (*return on equity*, ROE) de 10 % contre 17 % pour leurs homologues américaines, l'économie européenne rencontrera les pires difficultés pour attirer les capitaux indispensables à son redressement. L'Europe baigne dans un écosystème dont le fonctionnement est entravé par des contraintes multifactorielles, à la fois politiques, bureaucratiques et organisationnelles. Sans oublier le facteur culturel. Au bout du compte, le décrochage de l'économie européenne est en effet le prix à payer pour une double aversion au risque : celle des entreprises et celle des épargnants qui, les uns comme les autres, préfèrent souvent la sécurité à l'incertitude associée à l'innovation. Et tant que ce verrou culturel ne sautera pas, il sera difficile de déplacer les lignes : les entreprises resteront trop frileuses, réticentes à prendre des risques dans les technologies de rupture, les créateurs de start-up seront trop peu nombreux et les épargnants trop frileux pour risquer leur épargne dans des projets incertains.

Le prix d'une double aversion pour le risque

La frilosité des entreprises et des épargnants européens les conduit en effet à moins investir dans les start-up mais aussi, de manière générale, dans les technologies de rupture : 54 % de la R&D américaine sont consacrés aux technologies de l'information et de la communication (TIC) contre seulement 15 % en Europe, qui préfère, on l'a dit, surfinancer la recherche dans l'automobile ou la chimie. Plus largement, le continent européen est confronté à un problème de financement. Selon les calculs du rapport Draghi, il aurait besoin de quelque 800 milliards d'euros par an pour financer l'investissement, notamment le développement d'innovations de rupture, telle l'intelligence artificielle, très gourmande en capitaux. Or, tant qu'il n'existera pas de marché européen des capitaux, la taille des fonds d'investissement européens sera limitée. Ainsi, dans l'Hexagone, les fonds les plus riches, spécialisés dans la Tech, dépassent rarement le milliard d'euros et les chèques qu'ils sont disposés à signer les 100 millions d'euros.

La petite taille du capital-risque européen pénalise la croissance des start-up et incite les entreprises à aller chercher ailleurs, et d'abord aux États-Unis, les fonds (et accessoirement le marché) dont elles ont besoin. Et ce qui vaut pour le numérique vaut aussi pour les biotechs ou les technologies vertes. Selon le rapport Draghi, entre 2008 et 2021, près de 30 % des licornes européennes, c'est-à-dire des start-up valorisées plus de 1 milliard d'euros, ont déménagé leur siège à l'étranger, la grande majorité aux États-Unis, séduites tant par l'abondance des financements que par la taille du marché. Tant que cette situation perdurera, le continent européen ne fera pas assez de R&D, n'investira pas suffisamment dans les nouvelles technologies, n'attirera pas suffisamment d'investisseurs… Un véritable cercle vicieux.

En 2025, les États-Unis captent 42 % des investissements du capital-risque mondial contre 36 % pour la Chine et seulement 10 % pour l'Europe. En 2024, les levées de fonds ont atteint 250 milliards d'euros contre 22 milliards de ce côté-ci de l'Atlantique (2,8 milliards d'euros en France). Toujours 10 fois plus ! Et il se pourrait, compte tenu de la campagne de séduction organisée par la nouvelle administration américaine en direction des start-up européennes de la Tech, que l'écart se creuse encore car, lorsqu'il s'agit de grandir, ces entreprises se heurtent à un plafond de verre. À la Bourse, il existe trop peu d'investisseurs de long terme décidés à investir dans les sociétés de technologie tandis que les structures non cotées capables d'acheter des licornes ne sont pas assez nombreuses. La seule solution qui reste est alors de traverser l'Atlantique.

Pourtant, avec un taux d'épargne de 15,2 %[1], la zone euro ne manque pas d'argent, mais le fait est que celui-ci ne s'investit pas suffisamment dans des projets risqués et surtout est tenté d'aller chercher ailleurs des rendements plus alléchants. Les flux de capitaux à long terme qui quittent l'Europe pour les États-Unis ont en effet les yeux de Chimène pour le rendement des fonds propres des sociétés américaines (on l'a dit, 17 % contre 10 % en moyenne en Europe) et pour la profondeur du marché boursier américain (37 000 milliards de dollars fin 2024 contre 11 300 milliards pour le marché boursier européen). Lorsqu'on analyse le solde (entre les entrées et les sorties) de la somme des investissements directs et des investissements de portefeuille (en actifs financiers à long terme), on observe que, depuis dix ans, celui-ci est positif aux États-Unis (de l'ordre de 3 points de PIB par an en moyenne) et négatif en zone euro (4 points de PIB par an en moyenne). Preuve qu'il y a bien migration importante de capital d'une rive à l'autre de l'Atlantique. Ainsi,

1. Et même 17,7 % en France, 20,5 % en Allemagne (Eurostat, 3e trimestre 2024 publié le 5 février 2025).

pour les seuls investissements industriels, les Européens sont les premiers investisseurs au pays de l'Oncle Sam (Allemagne pour 12 % des projets, la France pour 8 %) selon le baromètre Trendeo/McKinsey[1].

Sur le front de la matière grise, la situation européenne n'est pas moins délicate.

Première ombre au tableau : les Européens manquent de certaines compétences dans les technologies du futur. « En Europe, les pénuries de main-d'œuvre et de compétences se sont accentuées au cours de la dernière décennie. Ces pénuries, en particulier dans les activités technologiques, entravent la croissance des entreprises. Les pénuries de main-d'œuvre sont particulièrement aiguës pour les entreprises qui utilisent l'IA, la robotique ou d'autres technologies numériques, par exemple dans le secteur de l'information et la communication », soulignait Mathias Cormann, secrétaire général de l'OCDE, en décembre 2024[2].

Seconde ombre au tableau : de trop nombreux chercheurs, entrepreneurs, hauts potentiels ont été tentés au cours des dernières décennies d'émigrer vers les États-Unis où ils sont mieux rémunérés et où ils disposent de moyens incomparables pour mener à bien leurs projets de recherche. Tant que les budgets de R&D des firmes européennes comme ceux des universités n'augmenteront pas significativement, la matière grise européenne sera tentée d'aller chercher ailleurs, et d'abord de l'autre côté de l'Atlantique, les moyens de travailler dans les meilleures conditions. Cet avantage pour le pays de l'Oncle Sam sera-t-il durable ? Il est sans doute encore trop tôt pour

1. Cousquer D., *Baromètre mondial des investissements industriels 2024*, Trendeo, 10 décembre 2024.
2. OCDE, *Perspectives économiques de l'OCDE,* 2024, n° 2, Éditions OCDE, 2024.

affirmer que le comportement de l'administration Trump, notamment son assaut contre les universités américaines et autres centres de recherche, sera de nature à modifier durablement la tendance.

L'absence totale de coordination stratégique au niveau européen

Le problème auquel l'Europe est confrontée est également institutionnel. De ce point de vue, la comparaison entre le succès de l'*Inflation Reduction Act* américain et *Next Gen EU*, le plan de relance européen post-covid, est cruelle : sur les 800 milliards d'euros programmés en Europe, 650 milliards ont été demandés par les États membres, mais 315 ont été déboursés en quatre ans et encore moins réellement investis, essentiellement en raison des excès de la bureaucratie et des effets de concurrence entre États membres, selon une évaluation partielle de la Cour des comptes européenne publiée en juillet 2024 (il reste à distribuer 335 milliards d'euros[1]). Précisons que les instances européennes ont mis des conditions à l'octroi de la manne *Next Gen EU* : d'une part, en imposant des priorités d'investissement (numérisation, transition climatique et résilience économique et sociale…) ; d'autre part, en exigeant la mise en œuvre de réformes structurelles dans chaque pays bénéficiaire, mise en œuvre dont il fallait apporter les preuves en guise de préalable à tout versement. Des délais qui transforment le plan européen en tortue lancée dans la course à l'innovation face au

1. Ces chiffres sont ceux de la Commission européenne au 1er juin 2025.

lièvre américain. Mené à coups de crédits d'impôt, l'IRA est infiniment moins précis et moins surveillé, mais ses subventions sont très simples et très rapides à mettre en œuvre, et c'est là leur plus grand mérite.

Déluge de normes et de taxes en tous genres, régulations nationales, absence de coordination environnementale et industrielle au niveau de l'UE comme de planification stratégique… les exemples abondent pour démontrer que les industriels européens sont condamnés à se lancer dans la course lestés de lourds boulets aux pieds. On se souvient des propos de Florent Menegaux, directeur général de Michelin, parlant d'expérience devant une assemblée de sénateurs français : « L'Europe ressemble à une machine emballée et déréglée, avec des directives auxquelles chaque pays décide d'ajouter sa touche personnelle. Pour un industriel présent dans les 27 pays de l'Union européenne, c'est un cauchemar administratif[1]. »

Ainsi, Bruxelles est capable d'édicter des règles très strictes sur les conditions du passage à la voiture électrique sans se poser la moindre question (et encore moins y répondre) sur l'approvisionnement en minerais rares, sur le raffinage ou sur les batteries ! Dans un autre registre, le Mouvement des entreprises de taille intermédiaire (METI) dénonçait en février 2025 « la déferlante de complexité issue du Green Deal » (le Pacte vert européen) avant d'appeler à la suspension, au moins temporaire, de deux directives emblématiques, la CSRD (Corporate Sustainability Reporting Directive) et la CS3D (Corporate Sustainability Due Diligence Directive), les directives respectivement sur la performance environnementale et sur le devoir de

1. Commission des Affaires économiques du Sénat, *La Crise de la filière automobile : audition du groupe Michelin, audition de Florent Menegaux*, 22 janvier 2025, vidéo.

vigilance des entreprises en matière de durabilité, rejoignant ainsi le Medef et l'Afep ainsi que de nombreuses entreprises européennes. La CSRD exige des entreprises qu'elles produisent des centaines d'indicateurs sociétaux et la CS3D leur enjoint de s'assurer du respect de l'environnement et des droits humains dans l'ensemble de leur chaîne d'approvisionnement. Ces divers organes patronaux ont demandé à la Commission européenne la suspension au moins temporaire de leur mise en œuvre dans l'attente de mesures de simplification finalement promises par Bruxelles à la faveur d'une loi omnibus. De modestes exemples parmi d'autres pour illustrer une maladie bruxelloise qui préoccupe tous les acteurs économiques : oui, il faut réglementer, mais réglementer avec discernement sinon la réglementation tue (et continuera de tuer) l'innovation.

Tout l'atteste, alors que la compétition internationale est devenue particulièrement sévère voire agressive, bien des facteurs structurels expliquent l'ampleur du décrochage de l'économie européenne mais aussi l'ampleur des réformes à mettre en œuvre pour espérer inverser la tendance et revenir dans la bagarre – sachant par ailleurs qu'il est désormais de plus en plus difficile de rattraper ceux qui font la course en tête.

L'Europe, 15 % seulement de l'économie mondiale en 2050 ?

Démographie défavorable, stagnation de la productivité du travail, faible demande intérieure due à la baisse du taux d'investissement des entreprises et à la hausse du taux d'épargne des ménages, prix de l'énergie, overdose de réglementations et autres normes (notamment environnementales), incertitude sur l'évolution d'un commerce international pris en tenaille entre le nouveau protectionnisme américain et la concurrence chinoise... Si rien n'est entrepris de décisif, le décrochage, mortifère pour l'industrie comme pour la croissance européenne, devrait s'amplifier dans les prochaines décennies.

À l'occasion d'un précédent ouvrage[1], nous avions réalisé une simulation en extrapolant la tendance des trois grandes composantes de la croissance potentielle à l'horizon 2050 : gains de productivité, croissance de la population en âge de travailler et du taux d'emploi (en faisant l'hypothèse que, dès lors que le taux d'emploi est élevé, il progresse plus lentement) afin de tenter d'anticiper l'évolution du PIB (en dollars constants) dans les huit grandes régions (ou pays) du monde[2] à l'horizon 2050.

Ces projections montraient qu'avec 35,4 % du PIB mondial à l'horizon 2050 (contre 29,6 % en 2022), les États-Unis devraient rester l'économie dominante à l'horizon 2050 tandis que le poids de la Chine dans l'économie mondiale (22,8 % en 2022 ; 23,5 % en 2050) pourrait pratiquement stagner, celui de l'Amérique latine (7 % en 2022 ; 6 % en 2050) baisser légèrement et surtout celui de l'Union européenne (21,5 % en 2022 ; 15 % en 2050) et du Japon (6,4 % en 2022 ; 3 % en 2050) reculer sensiblement. Quant à la croissance de l'Inde et du continent africain, elle serait forte mais – en tout cas d'ici à la mi-temps du siècle – leur poids économique demeurerait trop

1. Artus P., Virard M.-P., *Quelle France en 2050 ? Face aux grands défis en Europe et dans le monde*, Odile Jacob, 2024.
2. États-Unis, Union européenne, Chine, Afrique, Amérique latine, Japon, pays d'Asie de l'Est et du Sud-Est.

faible (6 % pour l'Inde en 2050 ; 4,65 % pour l'Afrique) pour jouer dans la cour des grands (voir tableau 1). Certes, l'exercice a ses limites mais les résultats (pris avec les précautions d'usage) constituaient (et constituent toujours) une base de départ précieuse pour imaginer comment pourrait évoluer – toutes choses égales par ailleurs – le poids relatif des différentes économies à l'horizon 2050.

À la veille de l'élection de Donald Trump à la présidence des États-Unis, les simulations de notre modèle n'entrevoyaient pas de déclin de l'économie américaine, mais donnaient à voir au contraire l'efficacité dans le long terme d'un modèle économique résolument fondé sur la recherche et l'innovation. Un système qui nourrit la croissance potentielle même si, comme nous le verrons, cette « efficacité » ne va pas sans contreparties, notamment sur le plan social et sociétal. Quant à l'Union européenne, malmenée par la fin de la mondialisation et le retour des empires, prise en étau entre les États-Unis et la Chine, c'est tout simplement, si rien n'est fait, un effacement qui se profile. D'où l'écho rencontré à la rentrée 2024 par la publication du rapport Draghi.

Un an et quelques mois plus tard, la géoéconomie du monde a changé de visage. Et s'il est encore trop tôt pour affirmer que la modification de la politique économique américaine (entre guerre commerciale, expulsion des immigrés clandestins et guerre déclarée aux universités) aura une incidence de long terme significative sur le poids de l'économie américaine dans le monde et sur l'issue de son face à face avec l'Empire chinois, chacun a bien conscience en tout cas, sans doute de manière plus marquée, que la période de mondialisation qui a caractérisé les dernières décennies s'est définitivement refermée.

Tableau 1.
Croissance potentielle annuelle moyenne
et croissance potentielle cumulée entre 2022 et 2050 (en %)

	Croissance potentielle	Croissance cumulée entre 2022 et 2050
États-Unis	2,3	90,4
Union européenne	0,4	11,6
Chine	1,77	63,6
Inde	3,0	130,9
Afrique	3,6	170,5
Amérique latine	1,1	37,0
Asie de l'Est et du Sud-Est*	1,9	71,3
Japon	0,9	- 23,1

* Corée du Sud, Vietnam, Thaïlande, Malaisie, Cambodge, Indonésie, Philippines.
Source : Natixis.

Dans ce contexte de rupture profonde, le modèle économique et social qui s'est installé depuis 1945, notamment en France, et a permis croissance économique et progrès social pendant de longues décennies est en panne. Il ne nous offre plus ni croissance, ni prospérité, ni amélioration du bien-être pour le plus grand nombre, à l'exception d'une poignée de privilégiés qui, au contraire, ont vu leur revenu et la valeur de leur patrimoine exploser depuis le début du siècle. La situation est à la fois suffisamment inefficace sur le plan économique et suffisamment explosive sur le plan social pour qu'il paraisse urgent d'inventer, pour la France comme pour l'Europe, un nouveau modèle susceptible d'éviter le pire et de jeter les bases d'un projet collectif fécond pour les générations à venir.

Évalué à l'aune de son efficacité, le modèle capitaliste à l'américaine semble, aux yeux de nombreux observateurs,

« le » modèle le plus dynamique, le plus performant, de tous les pays occidentaux. En tout cas, c'est un peu – nous semble-t-il – le diagnostic qui sous-tend le rapport Draghi. C'est la raison pour laquelle il nous a paru utile de débuter cette réflexion par une analyse en profondeur des caractéristiques du modèle américain afin de mieux discerner dans quelle mesure l'Union européenne pourrait s'en inspirer sans pour autant sacrifier ce qui fait sa spécificité autour de ses valeurs sociales, culturelles et environnementales. C'est aussi l'opportunité d'alimenter une discussion qui ne devrait pas manquer de nourrir le débat dans les mois et les années à venir.

CHAPITRE 2

États-Unis, un modèle très « *business friendly* »

L'atout majeur du modèle américain réside dans son extraordinaire capacité à faire tourner la machine économique, à entreprendre, à investir, développer, innover, quand en Europe les acteurs économiques sont un peu trop frileux et souvent entravés par un cadre fiscal, législatif et réglementaire plus contraignant. Ce dynamisme tient à la nature du modèle économique et social américain et au comportement de ses différents acteurs (État, salariés, entrepreneurs, épargnants, investisseurs...), sans oublier le rôle (pré)éminent du dollar. Il tient aussi à un état d'esprit et à un écosystème qui tranchent avec le modèle européen, en particulier pour tout ce qui concerne la culture du risque. Un cocktail qui se traduit notamment par deux différences essentielles entre les États-Unis et la zone euro : un niveau élevé de profitabilité des entreprises grâce à un partage des revenus défavorable aux salariés et des gains de productivité robustes associés à l'ampleur des investissements en R&D

et en nouvelles technologies. Le modèle américain est un modèle orienté systématiquement vers la croissance.

Un partage des revenus défavorable aux salariés

Au commencement était le profit. Lorsqu'on compare les modèles économiques américain et européen, on est frappé d'emblée par l'approche très différente du partage des revenus. Les entreprises américaines n'hésitent pas en effet à assumer une déformation de ce partage en faveur des profits et au détriment des salaires quand celui-ci est beaucoup plus équilibré en zone euro avec une part des salaires dans le revenu national à peu près stable. Ainsi, depuis le début du siècle, le salaire réel des Américains a pris l'escalier avec une progression moyenne de 20 % quand la productivité horaire empruntait l'ascenseur pour grimper de 50 %. Exprimé autrement, disons que le modèle européen se caractérise par une préférence collective pour le présent en privilégiant le revenu et la consommation des ménages (plutôt Keynes) quand le modèle américain exprime plutôt une préférence pour le futur en investissant massivement dans la recherche-développement et les nouvelles technologies, deux éléments clés pour s'assurer un avantage concurrentiel et doper la croissance potentielle (plutôt Friedman).

Cette déformation du partage des revenus observée aux États-Unis va de pair avec un niveau de profitabilité élevé des entreprises américaines (rappelons que le rendement des capitaux propres ou ROE atteint 17 % outre-Atlantique contre un petit 10 % en zone euro), ce qui leur permet de financer d'importants budgets de recherche-développement ainsi que des investissements massifs dans les nouvelles technologies. Le niveau de profit des firmes américaines favorise aussi des valorisations boursières élevées (aux États-Unis, la capitalisation boursière du Standard & Poor's 1500 (S&P 1500) pèse quelque 165 % du PIB quand le Stoxx Europe 600 n'équivaut qu'à 50 % du PIB de l'Union européenne, du Royaume-Uni et de la Suisse réunis). Des valorisations qui correspondent à un « effet richesse » positif capable de soutenir à la fois la consommation des ménages et l'investissement[1], et donne aux entreprises les moyens financiers de réaliser de grosses opérations de croissance externe lorsqu'elles le jugent nécessaire (au 1er semestre 2025, la valeur des fusions-acquisitions a dépassé les 1 000 milliards de dollars aux États-Unis, soit pratiquement 50 % du total mondial[2]). Selon le cabinet d'audit et de conseil PwC[3], pratiquement trois sur quatre (73 %) des 100 plus grandes capitalisations boursières mondiales sont américaines pour un montant total d'un peu plus de 31 000 milliards de dollars.

À elles seules, les « 7 magnifiques » pèsent la moitié (15 000 milliards de dollars) de ce total et un tiers de la capitalisation globale des 500 sociétés du S&P 500, de quoi disposer des moyens financiers nécessaires à leur développement. Traduction en espèces sonnantes et trébuchantes : début 2025, les « Big Four » (Microsoft, Alphabet, Meta et Amazon) ont révélé leurs projets d'investissement pour l'année. L'addition est impressionnante. Au total,

1. C'est ce que l'on appelle le Q de Tobin puisqu'un investissement donné accroît davantage la valeur boursière de l'entreprise et donc incite encore plus les actionnaires à le réaliser.
2. Source PwC.
3. *Global Top 100 Companies by Market Capitalisation*, PwC, mai 2025.

le quatuor a annoncé 320 milliards de dollars d'investissement, soit une augmentation de quelque 50 % sur un an, dont une grande partie consacrée au développement de l'intelligence artificielle pour laquelle tous sont en quête d'un avantage concurrentiel décisif.

Une croissance fondée sur la high-tech et les innovations de rupture

Cette « préférence » pour le profit et la valorisation boursière est mise au service de l'efficacité et de la performance d'un modèle fondé sur la haute technologie et les innovations de rupture. Si l'on considère un instant que l'industrie ne se limite pas, comme on a toujours eu tendance à le penser, de manière classique, à l'industrie manufacturière, mais que l'on y ajoute le secteur technologique dans son ensemble, les États-Unis se construisent – à coups de centaines de milliards de dollars – un avenir de grande puissance technologique. Un modèle où les universités, les centres de recherche, à la fois publics et privés, les entreprises, start-up comme mastodontes, collaborent étroitement pour se maintenir à la pointe de l'innovation et repousser sans cesse la frontière technologique. Bref, aux États-Unis, c'est la Tech qui fait la croissance de l'économie et, pour la nourrir, l'ensemble de l'écosystème investit massivement dans la recherche-développement et les nouvelles technologies. C'est pourquoi on ne sera pas surpris de constater que la photographie américaine ressemble étrangement à l'image inversée de la photographie européenne. Quand la zone euro reste encalminée dans la « trappe à technologies moyennes », le modèle américain carbure à l'innovation, avec une prédilection pour le numérique et la santé (notamment les biotechs) avec, pour commencer, des budgets colossaux pour les Big Tech. En effet, plutôt Schumpeter que Keynes !

Aux États-Unis, les dépenses de R&D atteignent – on l'a dit – 3,8 % du PIB, soit quelque 784 milliards de dollars[1], suivis de près par la Chine (723 milliards) et, dans le lointain, par la zone euro avec ses 410 milliards de dollars et 2,4 % de PIB (voir graphique 3) dont 2,8 % du PIB pour la R&D privée. De la même manière, les investissements dans les nouvelles technologies représentent l'équivalent annuel de 3,6 % de PIB (contre 2,4 % de PIB de ce côté-ci de l'Atlantique, voir graphique 4). C'est dire si le fossé entre chaque côté des deux rives est substantiel. Un écart qui s'est construit sur plusieurs atouts majeurs.

Graphique 3.
Dépenses totales de R&D (en % du PIB en valeur)

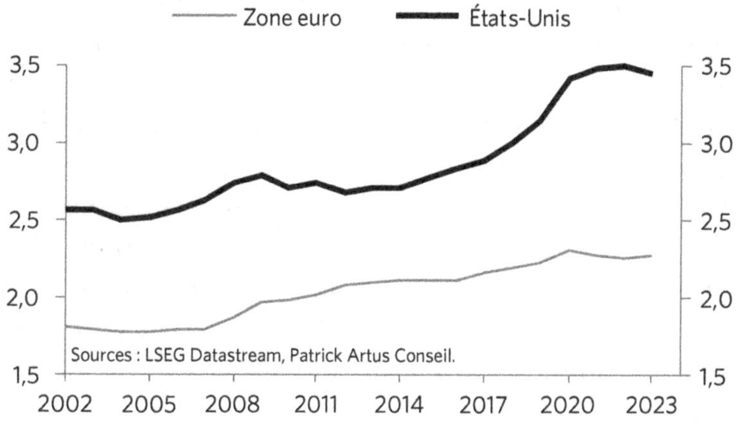

Sources : LSEG Datastream, Patrick Artus Conseil.

1. World Intellectual Property Organization (WIPO), 18 décembre 2024.

Graphique 4.
Investissement en technologies de l'information et de communication, y compris logiciels (en % du PIB en valeur)

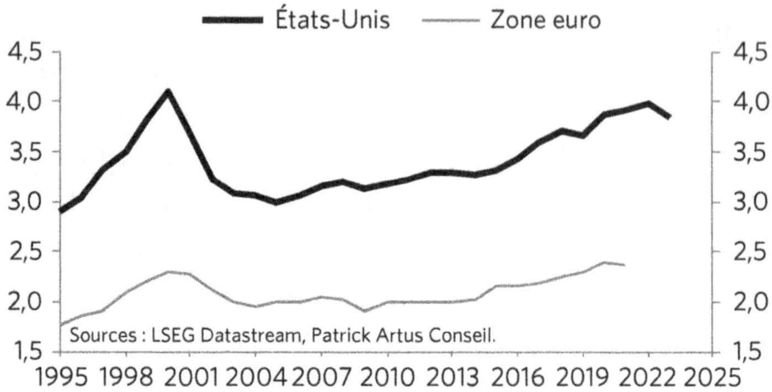

Le premier d'entre eux est incontestablement la qualité du système universitaire, qui attire pour son excellence étudiants et chercheurs du monde entier. Sur ce point, un certain nombre de chiffres et autres données méritent que l'on s'y arrête.

En première instance, et si l'on se contente de recenser le nombre de diplômés (quelque 400 000) enregistrés chaque année aux États-Unis en sciences, technologie, ingénierie et mathématiques (STIM), on pourrait être tenté de penser que l'Amérique a perdu sa position dominante en faveur de la Chine et de l'Inde, qui peuvent l'une et l'autre revendiquer un nombre de diplômés beaucoup plus élevé (respectivement 1 700 000 et 1 200 000)[1]. La différence est due bien sûr en partie à la taille de la population mais aussi à la faible proportion d'étudiants américains qui poursuivent des études scientifiques (même la France et l'Allemagne, par exemple, ont une plus grande proportion de diplômés en STIM que les États-Unis).

1. Chiffres 2021, derniers chiffres connus.

Toutefois, lorsqu'on s'intéresse à l'indice d'excellence du système éducatif publié par le Center of Excellence in STEM Education, indice basé sur les olympiades des cinq disciplines majeures (mathématiques, physique, biologie, chimie, informatique)[1], les États-Unis se classent au premier rang en 2024 devant la Chine, la Pologne, Taïwan et le Japon. L'Inde est sixième. Les Européens arrivent très loin derrière, à la fois en termes de nombre de diplômés scientifiques et de niveau d'excellence.

Par ailleurs, pour apprécier la capacité à innover, il convient aussi de tenir compte de l'effort de recherche, de la disponibilité des financements, de la qualité du système éducatif et de l'intensité des échanges internationaux entre chercheurs. Et, sur tous ces fronts, les États-Unis « surperforment » par rapport à leurs grands challengers (Chine et Inde) comme par rapport aux pays de l'Union européenne. Pour ce qui concerne le montant des dépenses en R&D, seule la Chine rivalise avec les États-Unis (avec des dépenses totales respectives de 723 et 784 milliards de dollars PPA), l'UE arrive assez loin derrière (410 milliards), le Japon (183,5 milliards) et la Corée (121 milliards) plus loin encore. Quant à la qualité de l'innovation, le Global Innovation Index[2] mesuré par l'Organisation mondiale de la propriété intellectuelle classe également les États-Unis très haut, en 3e position derrière la Suisse et la Suède. Le Royaume-Uni se

1. *U.S. Ranks First in Global STEM Competitions*, Center for Excellence in Education, 11 octobre 2024.

2. Il tient compte d'une trentaine de critères : le nombre de publications scientifiques, l'effort de R&D, le nombre de deals de capital-risque, l'intensité des échanges internationaux entre chercheurs, le nombre de brevets déposés, le nombre de médicaments approuvés, le nombre de robots, le nombre d'abonnés à Internet, le nombre de véhicules électriques, l'espérance de vie, etc. *Global Innovation Index 2024. Unlocking the Promise of Social Entrepreneurship*, 17e édition, WIPO, 2024.

situe en 5e position, l'Allemagne est 9e, la Chine 11e, la France 12e, le Japon 13e et l'Inde 39e.

Une immersion dans les tableaux et graphiques de l'enquête annuelle de la Commission européenne[1] déjà citée montre que parmi les 2 000 firmes mondiales du panel, quatre sur dix sont américaines pour un montant total investi de 527 milliards d'euros, soit pratiquement la moitié des sommes investies par l'ensemble des 2 000 entreprises du panel (1 258 milliards)[2]. Au cours des deux dernières décennies, elles ont investi massivement dans les secteurs du numérique (hardware et software) et de la santé (notamment les biotechs), avec souvent des progressions annuelles de 15 %, voire plus de leurs budgets R&D, et occupent une place éminente tant dans le top 50 (23) que dans le top 10 (6). Avec souvent des budgets R&D qui connaissent des progressions à deux chiffres. Ainsi, comme on l'a vu plus haut, Alphabet et Meta mènent la danse devant Apple qui pointe en troisième position. Ce trio pèse à lui tout seul 52 % de la somme des budgets R&D du top 10.

L'IA, la nouvelle frontière de la R&D

Pour tous les acteurs du secteur des logiciels et services informatiques, l'intelligence artificielle constitue désormais la nouvelle frontière et des espoirs de business dans lesquels ils engloutissent des centaines de milliards de dollars. En 2024, les quatre principales entreprises de la Tech américaine (Microsoft, Alphabet, Amazon

1. *The 2024 EU Industrial R&D Investment Scoreboard, op. cit.*
2. Chiffres 2023.

et Meta) y ont investi 246 milliards de dollars. Avec 75 milliards, Sundar Pichai, le P-DG de Google, a justifié devant les marchés financiers une augmentation de 42 % de ses investissements dans l'intelligence artificielle en faisant valoir que ce secteur « offre des perspectives prodigieuses » et que Google « veut être à la hauteur de celles-ci ». Les uns et les autres ont encore accéléré en 2025 malgré les doutes suscités par l'irruption du modèle chinois DeekSeek à un coût de développement défiant toute concurrence (nous y reviendrons) et malgré le climat d'incertitude qui a accompagné les premiers pas de la nouvelle administration. Dès le lendemain de son investiture, Donald Trump lui-même lançait le projet Stargate qui prévoit 100 milliards de dollars d'investissements, et jusqu'à 500 milliards sur quatre ans afin de bâtir l'infrastructure nécessaire au développement d'OpenAI, société d'intelligence artificielle créée à San Francisco en 2015[1]. Bref, en dépit des interrogations qui enflent quant à la rentabilité future des sommes astronomiques investies, la Big Tech a décidé d'accélérer encore : en 2025, ses investissements dans l'IA pourraient dépasser les 320 milliards de dollars, soit quasiment l'équivalent du PIB de la République tchèque. Avec en tête de pont Amazon et ses 100 milliards de dollars. De quoi financer la construction de centres de données truffés de puces dernier cri afin de rester à la pointe de la recherche sur les grands modèles de langage.

Les Big Tech et leurs soutiens inconditionnels ont-ils raison d'être à ce point optimistes quant aux effets de l'IA sur la productivité du travail et la profitabilité des

1. Le lancement de ChatGPT en novembre 2022 a déclenché un intérêt mondial pour les agents conversationnels et l'IA générative.

entreprises ? Si la question reste ouverte, aujourd'hui cet optimisme joue son rôle dans la dynamisation d'un modèle fondé sur la haute technologie. Une économie américaine attractive attire comme un aimant les capitaux en quête de rendement et les cerveaux en quête de rémunérations attractives et/ou des moyens de travailler. Une telle effervescence entrepreneuriale ne peut en effet que séduire les investisseurs et créateurs américains mais aussi ceux du monde entier.

Aspirer l'argent et les cerveaux de la planète

En dépit de telle ou telle vicissitude politique, la forte attractivité de l'Amérique pour les investisseurs non résidents – notamment européens – ne se dément pas. Et un dollar fort contribue incontestablement à attirer les capitaux internationaux qui alimentent le financement des investissements, fonds de capital-risque et fonds de pension qui font les riches heures de la Tech américaine. Et au-delà.

Il est clair que les États-Unis ont besoin de l'épargne du monde pour faire tourner leur modèle économique. Ils se sont servis du rôle du dollar pour attirer les capitaux, financer la montée en gamme et la croissance du secteur technologique. Tant que les entrées massives de capitaux de non-résidents continueront, que le billet vert s'appréciera, les États-Unis non seulement pourront investir massivement dans les technologies du futur et consolider ainsi le niveau de leur croissance potentielle, mais ils ne rencontreront aucun problème de financement ni de leur déficit extérieur ni de leur déficit public (voir graphique 5).

Graphique 5.
États-Unis : investissements directs et de portefeuille entrants*
(en % du PIB en valeur)

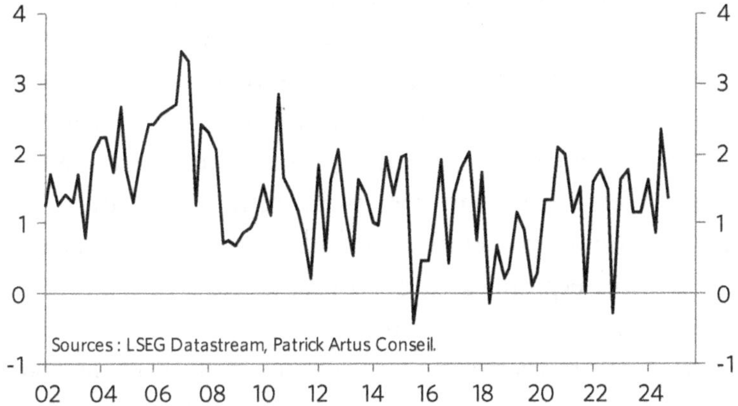

* Les investissements directs et de portefeuille entrants sont des entrées de capitaux conduisant à une augmentation des engagements (ici des États-Unis), ils sont donc affectés d'un signe positif.

Il est évident que si un jour le reste du monde décidait de ne plus financer les États-Unis dans les mêmes proportions, le pays devrait faire face à une grave crise financière. Un tiers du marché de la dette américaine, qui s'élève à près de 29 000 milliards de dollars, est détenu en dehors des États-Unis dont un peu moins de la moitié par des banques centrales, le reste par des fonds d'investissement privés (gestionnaires d'actifs, assureurs, fonds de pension…). Certes, l'hypothèse est aujourd'hui improbable tant la rentabilité du capital est plus élevée aux États-Unis qu'ailleurs et que la planète entière désire investir en dollars. C'est ce qu'avait expliqué très élégamment Larry Summers, économiste et ancien secrétaire au Trésor de Bill Clinton, au printemps 2023 : « Vous devez placer votre argent quelque part et le dollar est un bon endroit pour le placer. L'Europe est un musée, le Japon une maison de retraite, la Chine une prison et le bitcoin une aventure. » En revanche, à moyen/long terme, il est impossible d'écarter totalement d'un revers de main un scénario moins rose, même si la dette américaine est une arme à double tranchant : Asiatiques et Européens financent les déficits américains mais détiennent en échange un actif jugé jusqu'à présent sûr, au rendement garanti. Cette équation sera-t-elle remise en cause par la politique menée par la nouvelle administration américaine, avec les conséquences que l'on imagine ?

En attendant, l'attractivité de l'Amérique pour les investisseurs non résidents ne se dément pas. Elle se traduit depuis des décennies par de fortes entrées de capitaux à long terme (investissements d'entreprises et financiers). Notamment en provenance de la zone euro. Répétons-le encore une fois : il est, depuis de nombreuses années déjà, beaucoup plus rentable d'investir aux États-Unis que n'importe où ailleurs dans le monde, qu'il s'agisse des investissements en actions, en obligations, ou des investissements au capital des entreprises, grâce à la vitalité de la croissance potentielle. La différence est criante avec la situation qui perdure en zone euro où les ressources disponibles pour investir dans les nouvelles technologies (par exemple, dans l'IA quand on sait que les États-Unis captent 64 % des investissements mondiaux et l'Europe seulement 9 %) sont limitées. Un cercle vicieux pour le Vieux Continent où la rentabilité du capital reste au plancher, et où l'on ne peut que constater la poursuite quand ce n'est pas l'accélération de la fuite de l'épargne européenne vers l'Amérique et un cercle vertueux pour l'Amérique qui séduit les investisseurs européens dans une sorte d'opération de vases communicants : les entrées de capitaux à long terme de non-résidents ont été, jusqu'à une période récente, très élevées aux États-Unis et quasi inexistantes en zone euro. Il y a donc bien déplacement, et déplacement important, du capital financier de la zone euro vers les États-Unis.

Prenons l'exemple de nombreux projets industriels souvent généreusement accompagnés par un prix doux de l'énergie (le différentiel de prix se situe dans un rapport de 1 à 4). Selon le baromètre réalisé par Trendeo, avec le concours du cabinet McKinsey et de l'Institut de la réindustrialisation[1], les États-Unis ont continué à attirer les investissements industriels du monde entier en 2024 (36 % des investissements mondiaux) dans un climat industriel où la tendance était plutôt baissière globalement (– 3 % en volume et – 26 % en valeur à hauteur de 1 120 milliards de dollars) et stagnante en Europe. Aux États-Unis, et pour la première fois en 2024, les investissements directs en provenance de l'étranger (IDE) ont même dépassé les investissements domestiques tant en nombre d'investissements qu'en montants investis. Avec, au premier rang des investisseurs étrangers, les Européens ! En 2024, les entreprises de l'Union européenne ont réalisé 29 % de leurs investissements industriels sur leur propre sol mais aussi 26 % aux États-Unis.

Un engouement qui, pour le moment en tout cas, ne semble pas avoir été refroidi par la politique de la nouvelle administration américaine. Si l'on conjugue la puissance de feu des marchés américains, la dérégulation promise par la nouvelle administration, sans oublier la menace de taxes douanières, l'attraction des États-Unis reste à son zénith. Le groupe français TotalEnergies,

1. Depuis 2016, ce baromètre recense chaque année les investissements industriels significatifs (c'est-à-dire de plus de 30 millions de dollars ou créant plus de 50 emplois) à l'échelle mondiale.

par exemple, a obtenu de la nouvelle administration la suspension du blocage pour motifs environnementaux par un tribunal fédéral des travaux de l'immense terminal de gaz naturel liquéfié à l'embouchure du Rio Grande. De son côté, CMA CGM, le géant français du transport maritime, a décidé d'investir 20 milliards de dollars aux États-Unis sur quatre ans pour construire des infrastructures portuaires sur différents sites stratégiques tels New York, Los Angeles, Dutch Harbor, Houston et Miami, ouvrir de nouveaux entrepôts et plateformes logistiques automobiles et installer un hub cargo aérien à Chicago. Un nouveau centre de R&D logistique est également annoncé à Boston, centré sur des solutions de robotique et d'automatisation développées avec des partenaires de la Tech américaine. Chacun a encore en tête les images de son P-DG Rodolphe Saadé depuis le bureau Ovale, campé devant une carte des États-Unis affichant « golfe d'Amérique », l'appellation choisie par Donald Trump pour remplacer celle de « golfe du Mexique ».

Autant d'investissements qui s'accompagnent d'une « *brain circulation* », comme disent les chercheurs, absolument unique car, par les capacités de travail et les moyens qu'ils proposent, les États-Unis attirent aussi les cerveaux du monde entier.

Les immigrés créateurs d'une entreprise sur trois

Au pays de l'Oncle Sam, l'immigration a joué jusqu'à présent un rôle important dans le développement économique. Région emblématique s'il en est : la Silicon Valley, sa Tech, et ses 66 % de salariés nés à l'étranger. Un record. Parmi les titulaires d'un niveau licence ou supérieur, 23 % viennent d'Inde, 18 % de Chine, alors que 17 % sont nés en Californie et 14 % dans le reste des États-Unis. La Valley dans son ensemble compte 41 % de résidents nés à l'étranger (14 % pour l'ensemble des États-Unis), ce qui la situe dans un univers sociologique à part. Commentaire de Russel Hancock, président de la Joint Venture Silicon Valley : « La Silicon Valley a été construite par les esprits les plus brillants venus de tous horizons[1]. » Parmi ces esprits brillants, de nombreux Européens qui ont fait de la côte ouest des États-Unis un de leurs lieux d'élection avec la côte Est, le Texas et la Floride.

Les États-Unis comptaient 48 millions d'immigrés en 2023 (dernier chiffre connu) dont 12 % venus d'Europe et du Canada. Parmi eux, 47 % étaient munis d'un diplôme supérieur à la licence (contre 36 % des Américains de souche et 35 % de l'ensemble des immigrés) afin d'occuper, pour 55 % d'entre eux, un emploi dans le management ou dans les sciences. Une étude de la National Foundation for American Policy montre que plus d'une licorne sur deux a été jusqu'en 2022 créée ou cocréée par des immigrés, une proportion qui grimpe à deux tiers si l'on inclut les enfants d'immigrés[2]. Plus généralement, et toutes origines confondues, on sait aussi que les immigrés sont à l'origine d'une création d'entreprise sur trois aux États-Unis alors qu'ils ne représentent que 14 % de la population. En 2022, la National Foundation for American Policy montrait aussi que parmi les quelque

1. www.jointventure.org.
2. Anderson S., *Immigrant Entrepreneurs and U.S. Billion-Dollar Companies*, National Foundation for American Policy, juillet 2022.

500 licornes américaines recensées (firmes non cotées valant plus de 1 milliard de dollars), une sur deux avait été créée par un immigré (55 % exactement) – notamment des entrepreneurs d'origine indienne (66 créations) et israélienne (54 créations). Les licornes créées par des Français, au nombre de 18, composent le 6e bataillon[1] de fondateurs étrangers. Bref, on assiste à une « double migration » du capital et du travail qualifié vers les États-Unis, double migration très féconde pour le modèle américain. À l'évidence, tout concourt à faire de l'Amérique un eldorado pour les capitaux comme pour la matière grise. Même si, bien entendu, il est encore trop tôt pour vérifier si cet « avantage comparatif » ne sera pas trop entamé par la politique mise en œuvre depuis janvier 2025 par l'administration Trump. Nous y reviendrons[2]. En attendant, tous, investisseurs américains comme étrangers, apprécient les atouts de l'écosystème américain, un écosystème très « *business friendly* ».

Le goût du risque plutôt que le principe de précaution

Outre-Atlantique, tout est fait pour faciliter l'accès au financement pour les entreprises et les start-up dans un pays où épargnants comme entrepreneurs ne rechignent pas à prendre des risques. Contrairement à ce que l'on peut observer en Europe où les acteurs économiques ont tendance à préférer la sécurité en matière financière et à

1. *Ibid.*
2. Voir chapitre 4.

appliquer le principe de précaution, le goût du risque fait partie intégrante de la culture collective. Les Américains n'hésitent pas à investir leur bel argent à la Bourse ou, pour les plus fortunés, dans des fonds de venture capital, afin de financer des start-up, de préférence dans la Tech, et dans toutes sortes de projets aussi innovants que prometteurs en termes de rémunération. Rappelons-le, les fonds levés en capital-risque atteignaient 250 milliards de dollars outre-Atlantique en 2024 pour seulement 22 milliards d'euros dans l'Union européenne.

Un autre élément entre également en ligne de compte dans l'esprit des dirigeants et créateurs d'entreprise lorsqu'il s'agit de prendre une décision d'investissement, notamment industriel : l'existence, outre-Atlantique, d'un cadre juridique, fiscal et réglementaire moins contraignant que dans la plupart des pays du globe, à commencer par l'Union européenne.

Ce facteur de séduction demeure vivace, en dépit des incertitudes désormais associées à la situation américaine depuis qu'Elon Musk, l'entrepreneur milliardaire intronisé le temps de quelques mois « ministre de l'Efficacité gouvernementale » patron (avec Vivek Ramaswamy) du Department of Government Efficiency (DOGE), s'est mis en tête d'appliquer à la bureaucratie américaine le traitement de choc qui a révolutionné l'automobile et le spatial afin de réaliser des milliards de dollars d'économies d'ici au 4 juillet 2026 (250e anniversaire de la Déclaration d'indépendance) sur la masse que représentent les dépenses fédérales.

Malgré les excès et les dérapages, de nombreux dirigeants et entrepreneurs étrangers (notamment en France et en Europe) sont séduits. Séduits en tout cas par la promesse d'une forme de débureaucratisation. Sur le Vieux Continent, la multiplication des lois et autres réglementations tant nationales qu'européennes a contribué à susciter une révolte contre la « folie bureaucratique » qui a pris de l'ampleur au fil des années. Nombreux sont ceux qui sont exaspérés par les obstacles en tous genres qui se dressent sur la route des entreprises. « Faudra-t-il un Donald Trump, un Elon Musk ou un Javier Milei en France pour arrêter ce délire ? », lançait ainsi à la fin de 2024 Pierre Gattaz, ancien patron du Medef, dans une publication qui a fait fureur sur LinkedIn. Une révolte qui a eu tendance à prendre de l'ampleur au cours des dernières années même si ce sont souvent les mêmes qui dédaignent rarement, pour autant, l'aide (et l'argent) de l'État… Toutefois, chacun sait que les contempteurs de la bureaucratie européenne n'ont pas tout à fait tort : dans son rapport de septembre 2024, Mario Draghi, l'ancien gouverneur de la BCE, a rajouté un grain de sel sur les plaies en fustigeant une « asymétrie réglementaire » étouffante : « Environ 13 000 lois ont été adoptées dans l'Union européenne depuis 2019 contre 3 500 textes législatifs et 2 000 résolutions prises aux États-Unis au niveau fédéral. »

L'État fédéral s'en mêle lorsque (mais seulement lorsque) c'est utile

Le fait que l'administration fédérale américaine soit sensiblement moins étouffante que sa cousine européenne ne l'empêche nullement d'être proactive si nécessaire et de mobiliser un arsenal de politiques (et de fonds) publics dès lors qu'il s'agit de favoriser l'innovation et le développement de secteurs porteurs d'avenir. C'est ainsi que de nombreux patrons français et européens sont séduits par ce qui contribue aussi à l'efficacité de l'écosystème américain : un mix efficace entre liberté et engagement de l'État. En effet, il arrive plus souvent qu'on le croit que l'État fédéral s'en mêle lorsque (mais seulement lorsque) c'est utile. Aux États-Unis, l'État fédéral a la capacité d'activer un arsenal de politiques publiques pour soutenir le développement économique.

Exemple emblématique de cette collaboration fructueuse, la constitution et le développement de l'empire d'Elon Musk. À l'issue d'une longue enquête publiée le 26 février 2025, le *Washington Post* a calculé que celui-ci a reçu, en vingt ans, plus de 38 milliards de dollars d'aides, de financements et de commandes publiques pour le compte de son entreprise automobile Tesla (près de 15,7 milliards de dollars) et de sa société aérospatiale SpaceX (environ 22,6 milliards) – les deux tiers de ces sommes ayant été promises au cours des cinq dernières années. Rien qu'en 2024, les gouvernements fédéral et locaux se sont engagés à consacrer au moins 6,3 milliards de dollars aux firmes du magnat, un record, selon le quotidien américain. Ces aides, dont beaucoup ont été obtenues sous la présidence de Joe Biden (2021-2025), s'expliquent par le fait qu'Elon Musk a investi dans deux secteurs massivement soutenus par les pouvoirs publics : la transition électrique de l'automobile et surtout l'espace, depuis que les États-Unis souhaitent repartir à la conquête de la Lune.

Devenu en effet en quelques années un champ de bataille international potentiel, le spatial est un bon exemple de ce qui fait la supériorité du modèle américain :

des investissements conséquents (quand les Européens y consacrent 12 milliards de dollars, les Américains investissent 70 milliards), une gouvernance collaborative et efficace (en Europe, il existe, par exemple, un problème de gouvernance entre l'Union européenne et l'Agence spatiale européenne) et une philosophie fondée sur une logique de conquête (*versus* une logique de développement en faveur de la connaissance et de la science sur le Vieux Continent).

Bref, lorsque c'est nécessaire, les États-Unis savent financer sur fonds publics de grands projets innovants finalement développés par leurs industriels et les différents acteurs, publics et privés, savent travailler ensemble pour les mettre en œuvre. Notamment *via* un dispositif d'agences efficaces qui ciblent les besoins mais laissent les entreprises proposer leurs solutions. Ainsi du modèle Darpa (Defense Advanced Research Projects Agency), qui existe depuis 1958. L'agence, créée par Dwight Eisenhower, avait pour vocation première le soutien de projets destinés à l'armée des États-Unis. Mais, au fil des décennies, elle a favorisé l'émergence d'innovations de rupture qui dépassent de loin le cadre militaire. Sans elle, pas d'Internet, ni de GPS, ni de drone, ni de technologies furtives, ni de lanceurs de fusées, ni peut-être de vaccin anti-covid fondé sur l'ARN messager puisqu'en 2013 l'agence a investi dans une jeune start-up baptisée Moderna. De la même manière, une grande partie des progrès accomplis dans l'intelligence artificielle doit être mise au crédit de l'agence tandis que l'on attend des avancées dans bien d'autres domaines de pointe (exploration du monde sous-marin, exosquelettes, biosurveillance des bactéries, prothèses biocinétiques, etc.). Sur chaque projet, l'agence, dotée d'un budget de 4,3 milliards de dollars en 2025, travaille dans la réactivité et en toute indépendance. Y compris lorsqu'il s'agit de prendre la décision de poursuivre ou d'abandonner tel ou tel projet.

Dans un passé récent, l'État fédéral a mis sur la table quelque 400 milliards de dollars pour subventionner massivement les secteurs des technologies vertes, des énergies renouvelables, des transports et des économies d'énergie (*Inflation Reduction Act*) et 280 milliards de dollars pour remettre le pays à la pointe de l'industrie stratégique des semi-conducteurs (*Chips Act*). Il dispose désormais d'un nouveau terrain de jeu, l'intelligence artificielle générative. Dès le lendemain de son investiture, Donald Trump a dévoilé le projet Stargate qui prévoit d'investir 100 milliards de dollars, et jusqu'à 500 milliards sur quatre ans, pour bâtir l'infrastructure nécessaire au développement d'OpenAI. Dans cette bataille pour le leadership dans l'IA, l'administration américaine utilise également d'autres moyens de pression pour prendre l'avantage : elle interdit par exemple l'exportation vers la Chine des meilleures puces électroniques développées par Nvidia ainsi que les équipements qui permettraient aux Chinois de fabriquer leurs propres puces. Si à cet écosystème souvent encensé de ce côté-ci de l'Atlantique pour son efficacité on ajoute quelques menus avantages supplémentaires (tel l'actuel différentiel sur les prix de l'énergie), rien d'étonnant à ce que les investisseurs du monde entier s'y bousculent.

L'économie américaine investit massivement dans la Tech et, d'une manière plus générale, dans les innovations de rupture (TIC mais aussi biotechs, énergie, spatial…). Grâce à son attractivité, elle a pu au cours des dernières décennies se donner les moyens de repousser la frontière technologique dans les secteurs d'avenir et de soutenir un taux de croissance robuste au fil des années. Toutefois, ce modèle qu'en Europe on admire pour son incroyable capacité à créer des richesses ne va pas sans contreparties nettement moins enviables à nos yeux d'Européens attachés à leur modèle social ainsi qu'à une certaine idée de l'exercice du capitalisme.

CHAPITRE 3

Un modèle américain plus fragile qu'il n'y paraît

Il est assez naturel que les Européens envient la prospérité de l'économie américaine et rêvent des résultats obtenus grâce à l'effort d'innovation et d'investissement réalisé outre-Atlantique dans la période récente, notamment dans le domaine des nouvelles technologies. Qui n'est pas séduit par le dernier-né des iPhone, émerveillé par les prouesses de SpaceX ou admiratif du niveau technologique de la dernière puce Nvidia ? Ces performances des princes de la Tech ne doivent toutefois pas faire oublier les fragilités d'un modèle de plus en plus inégalitaire qui abandonne sur le bord de la route un nombre de plus en plus important d'Américains.

Le capitalisme *made in America* ne cesse en effet d'aggraver les inégalités et la paupérisation, de sanctuariser le pouvoir de l'argent au point que la richesse financière se concentre entre les mains des plus riches au lieu de ruisseler plus largement et d'assurer à l'immense majorité des Américains la vie à laquelle ils aspirent. Dans un certain nombre de secteurs clés, il met aussi à mal la concurrence et favorise la formation de monopoles dont la stratégie consiste à accroître toujours plus leurs profits au détriment des salariés et des consommateurs et, finalement, au détriment de l'innovation elle-même. Enfin, le capitalisme américain est un capitalisme qui a passé le climat par pertes et profits au point de provoquer parfois de lourds dégâts environnementaux et de compromettre la lutte contre le réchauffement. Autant de fragilités qui, dans l'esprit de bien des Européens, font de l'économie américaine une économie au service d'une minorité, et du « modèle » américain un modèle qui n'est pas si désirable qu'on pourrait l'imaginer.

La première différence majeure, celle qui vient immédiatement à l'esprit d'un citoyen européen, c'est évidemment l'écart qui existe de chaque côté de l'Atlantique entre ce que les habitants du Vieux Continent considèrent communément comme les bienfaits de leur « modèle social » et la version nettement plus « allégée » qui accompagne la vie quotidienne du citoyen américain.

Un pays où les inégalités ne cessent de se creuser

Lorsqu'on compare l'Europe continentale aux États-Unis, on constate non seulement que le partage des revenus est défavorable aux salariés (voir graphique 6), mais aussi que l'évolution des bulletins de paie n'est pas complètement indexée sur l'inflation, et également que les politiques redistributives (santé, retraite) sont outre-Atlantique sensiblement moins généreuses. Lorsqu'en Europe celles-ci représentent pratiquement 30 % de PIB (et même 32,2 % en France, record européen), elles ne dépassent pas 20 % du PIB de l'autre côté de l'Atlantique. Quant à la politique de l'emploi, elle est également plus protectrice en zone euro qu'aux États-Unis où l'indice qui mesure le degré de rigueur de la réglementation plafonne à 1,30 pour les CDI (contre 2,45 en France, 2,22 en Allemagne, 2,72 en Italie) et même à 0,27, autant dire presque rien, pour les contrats temporaires (contre respectivement 2,58, 1,67 et 2,82[1]).

La tendance est confirmée par la dernière enquête Survey of Consumer Finances de la Réserve fédérale américaine[2] qui montre que, de 2019 à 2022, les inégalités n'ont cessé de se creuser et que le phénomène d'enrichissement s'est concentré sur les personnes dont le revenu est le plus

Graphique 6.
États-Unis : productivité et salaire réel par heure
(secteur privé, base 100 en T1 2002)

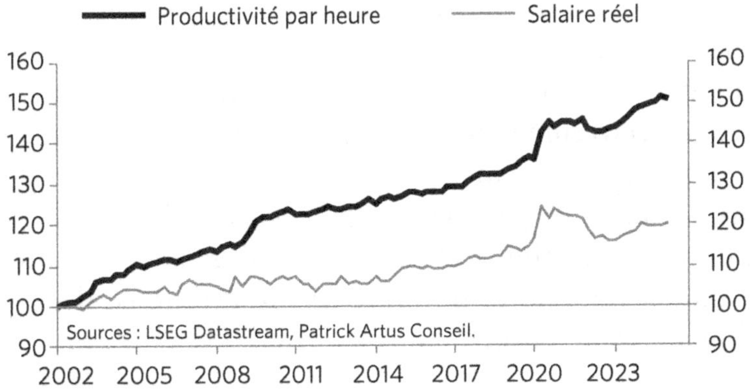

1. Sur une échelle de 0 à 6, les valeurs augmentent avec le degré de rigueur de la réglementation, chiffres OCDE.
2. *Changes in U.S. Family Finances. Evidence from the Survey of Consumer Finances*, octobre 2023.

élevé (les deux derniers déciles). Pour le vérifier, il suffit d'avoir en tête une loi économique simple : lorsque le taux de croissance du revenu moyen est supérieur au taux de croissance du revenu médian, il y a augmentation des inégalités de revenu. Or, d'une part, le revenu moyen des plus riches croît beaucoup plus vite que celui des autres citoyens américains (de 14 % pour l'avant-dernier décile et de 22 % pour le dernier sur la période considérée) et, d'autre part, il a augmenté beaucoup plus rapidement que leur revenu médian (respectivement 9 % et 15 %). L'écart est encore plus criant pour les 10 % d'Américains au revenu le plus élevé, ce qui signifie que les inégalités se creusent jusqu'au sein même des catégories les plus privilégiées. Ce n'est pas un hasard si l'augmentation des prix mais aussi des inégalités ressenties pendant la présidence Biden ont joué un rôle important dans l'issue des élections présidentielles américaines de novembre 2024. L'écart entre les inégalités de revenu avant et après redistribution constitue un bon indicateur de la générosité du système. Aux États-Unis, l'indice de Gini[1] s'établit à 0,52 avant redistribution et à 0,38 après redistribution, soit un écart de 0,14 (pour la France, les chiffres correspondants sont respectivement de 0,51 et 0,31 et pour l'Allemagne de 0,51 et 0,29) tandis qu'un Américain sur quatre vit sous le seuil de pauvreté[2] (25 % contre 16 % en zone euro, voir graphique 7). Une caractéristique structurelle du modèle américain qui s'est encore accentuée depuis le début de la décennie.

1. Selon l'Insee, l'indice (ou coefficient) de Gini est un indicateur synthétique permettant de rendre compte du niveau d'inégalité pour une variable et sur une population donnée. Il varie entre 0 (égalité parfaite) et 1 (inégalité extrême). Entre 0 et 1, l'inégalité est d'autant plus forte que l'indice de Gini est élevé.
2. Calculé par rapport au seuil de 60 % du revenu disponible médian.

Graphique 7.
Indice de Gini des inégalités de revenu (après redistribution)

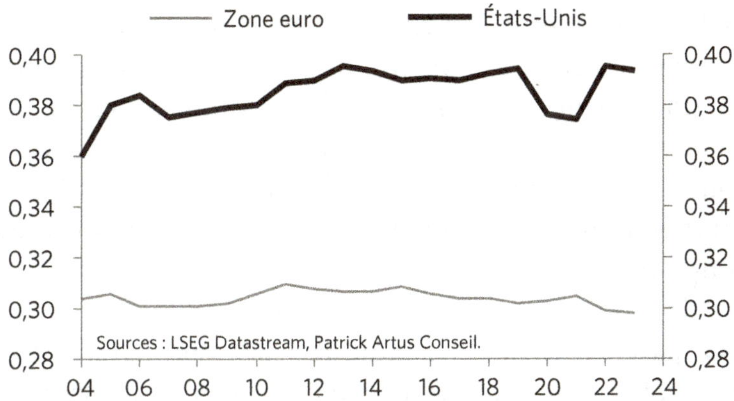

Sources : LSEG Datastream, Patrick Artus Conseil.

1 % des individus possèdent 31 % de la richesse nationale

Fort logiquement, cette différence dans l'évolution des revenus est corrélée à celle des patrimoines. Sur la même période (2019-2022), le revenu moyen des 25 % d'Américains les moins bien pourvus en termes de patrimoine (44 000 dollars en moyenne) a légèrement baissé (– 1 %) quand celui des 10 % d'Américains pourvus du patrimoine net le plus élevé (638 000 dollars en moyenne) a augmenté très rapidement (+ 29 %), et augmenté beaucoup plus vite que leur revenu médian (+ 10 %), ce qui signifie que, même dans cette catégorie des Américains les plus fortunés, les inégalités de revenu se sont beaucoup accrues.

Cette évolution est liée à la forte hausse des indices boursiers sur la période et à l'augmentation des revenus du capital distribués aux actionnaires. Sur cinq ans, le Nasdaq a bondi de quelque 94 %, le Standard & Poor's 500 de 96 %[1]. En quinze ans, le premier a même été multiplié par huit, le second par cinq. Au fil de toutes ces années, les ménages dont le patrimoine financier est conséquent ont donc bénéficié à la fois de la valorisation de leur capital et d'une forte augmentation des revenus de ce capital. En cumulant rachats d'actions et dividendes, la rémunération des actionnaires des sociétés américaines a grimpé de 4,7 % du PIB au début 2021 à 7,5 % du PIB à la fin 2023 et au premier trimestre 2024.

La part de la richesse nationale détenue par les 10 % d'individus possédant le patrimoine le plus important a grimpé jusqu'à près de 50 % et celle des 1 % jusqu'à 31 % en 2024, contre 25 % « seulement » en 2003 (voir graphique 8), et même jusqu'à 42 % pour la région emblématique de cette concentration irrésistible de la richesse : la Silicon Valley, la péninsule qui s'étend de San Francisco à San José, plus que jamais microcosme emblématique des excès du capitalisme américain.

Un document publié chaque année, le Silicon Valley Index[2], qui prend le pouls de l'économie et de la population de la région depuis 1995, montre en effet que la concentration de la richesse dans la « Vallée » n'a jamais été aussi forte. On y dénombre 56 milliardaires et 145 000 millionnaires, les 10 % les plus fortunés de la région possèdent 71 % de la richesse collective et les 1 % les plus riches (soit environ 9 000 foyers) 42 % de celle-ci, soit 421 milliards de dollars. L'équivalent du PIB du Danemark ou de pratiquement deux fois celui de la Grèce. Quant aux 9 milliardaires les plus riches,

1. De juillet 2020 à juillet 2025.
2. *2025 Silicon Valley Index*, Joint Venture, 7 mars 2025.

Graphique 8.
États-Unis : part de la richesse nationale détenue par les 1 % et par les 10 % d'individus possédant le patrimoine le plus important (en %)

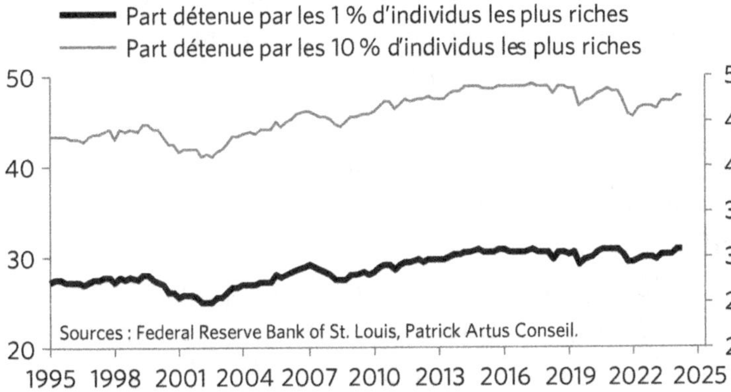

dont Mark Zuckerberg (Meta), Larry Page et Sergey Brin (les fondateurs de Google), Jan Koum (cofondateur de WhatsApp) ou Jensen Huang (Nvidia), avec 150 milliards de dollars, ils possèdent quinze fois plus de richesses que la moitié de la population de la région (10 milliards de dollars pour 447 000 foyers). À l'autre extrémité du spectre, 30 % des foyers ne gagnent pas suffisamment leur vie pour subsister sans assistance extérieure, 10 % d'entre eux disposant de moins de 5 000 dollars de réserve pour faire face au moindre imprévu. Au sein de ces foyers, 37 % des enfants ne mangent pas à leur faim tous les jours, et 12 500 personnes sont sans-abri (sans compter les quelque 8 000 sans-abri recensés dans la ville même de San Francisco), un chiffre en augmentation de quelque 50 % sur dix ans. La Silicon Valley est devenue le symbole des inégalités et de la pauvreté à l'américaine. Pour Russel Hancock, le président de la Joint Venture Silicon Valley, aucun doute : « Les conditions de ce boom, ici, ne profitent qu'à quelques-uns[1]. » Il y voit la confirmation de l'échec total de la théorie du ruissellement.

Bien entendu, une telle situation devrait poser à terme de nombreux problèmes sociaux et sociétaux. Mais nous voudrions aussi insister ici sur les effets pervers qu'elle porte en germe d'un point de vue purement économique car cette forte concentration de la richesse associée à l'essor des indices boursiers expose aussi l'économie américaine au risque d'une correction plus ou moins brutale. Selon Moody's Analytics, la moitié des dépenses de consommation est désormais le fait des 10 % les plus riches (contre 36 % en 1995), ce que de nombreux experts attribuent à l'envolée des cours boursiers, envolée tirée notamment par les actions des Big Tech. Il suffirait donc que la Bourse essuie une baisse significative (par exemple, à la suite d'une déception quant aux effets bénéfiques attendus du développement de l'intelligence artificielle) pour que les résultats des entreprises et les cours de Bourse soient affectés, génèrent une perte de richesse et, en conséquence, une chute potentiellement sévère de la consommation et de l'investissement. Il ne s'agit pas ici d'une simple conjecture mais d'un souvenir associé à une situation expérimentée à plusieurs reprises dans le passé, par exemple lors de la crise des valeurs liées à la bulle Internet à partir du deuxième trimestre 2000.

En résumé, les inégalités de revenu n'en finissent pas de se creuser dans l'ensemble des États-Unis, et en particulier dans les États déshérités devenus des friches industrielles comme la Rust Belt (la ceinture de la rouille), tandis que les personnes au revenu élevé et au patrimoine élevé

1. *Ibid.*

(ce sont les mêmes), notamment dans la Silicon Valley, voient leurs revenus progresser considérablement plus vite que celui des autres citoyens. Une tendance qui devrait se renforcer encore sous le second mandat de Donald Trump. Et, au fil des années, la question de l'accès des Américains à la santé a fait figure de symbole de ce système profondément inégalitaire. Symbole aussi de la colère grandissante des Américains.

La santé, symbole d'un système profondément inégalitaire

En décembre 2024, c'est à la faveur d'un fait divers, l'assassinat par balles à New York de Brian Thompson, le PDG de UnitedHealthcare, la première compagnie d'assurance-santé privée des États-Unis, que l'on a pu mesurer à quel point la question de la santé était devenue cruciale dans le pays. Bientôt arrêté, l'assassin présumé a bénéficié d'un fort soutien de l'opinion et cette affaire a fait éclater au grand jour la colère d'une partie des Américains contre les compagnies d'assurances médicales privées dont les refus de prise en charge ont fortement augmenté au cours des dernières années et contre un système de santé vécu comme profondément inégalitaire, même si la couverture médicale a été améliorée à plusieurs reprises au cours des dernières décennies, notamment sous la présidence de Lyndon Johnson puis plus récemment sous celle de Barack Obama. Ces progrès ont été consolidés par Joe Biden mais Donald Trump les a remis en cause. En particulier avec les réductions prévues pour les bénéficiaires de Medicaid. Pour pouvoir continuer à en bénéficier, il faudra avoir effectué plus de 80 heures de travail par mois, ce qui va exclure plusieurs millions d'Américains de la couverture maladie publique.

Le traumatisme de la crise financière de 2008, le choc de la concurrence chinoise puis de la pandémie de covid ont nourri l'exaspération suscitée par l'incapacité de nombreux Américains à prendre désormais soin de leur santé et justifient la mise en garde de Russell Hancock contre les « conditions d'instabilité et de révolte[1] » que crée l'élargissement du fossé entre les très riches et ceux qui sont rattrapés par la pauvreté. Dans la Silicon Valley comme ailleurs dans le pays. Avec 16,6 % du PIB consacrés à la santé en 2022 (contre 9,2 % en moyenne dans l'OCDE et 12,1 % en France), les États-Unis sont le pays qui dépense le plus pour la santé de ses citoyens, mais la population ne s'y porte pas mieux qu'ailleurs[2]. Au contraire. Le poids des dépenses n'est que la conséquence du coût élevé des services médicaux, une charge qui ne cesse d'augmenter. Mais ces dépenses ne se traduisent pas en termes de santé publique et les Américains sont de plus en plus accablés par le coût exorbitant des soins devenu un facteur majeur d'endettement individuel et pas seulement dans les foyers les plus modestes.

L'Amérique est le seul pays développé sans système généralisé de sécurité sociale. Cela signifie que le gouvernement fédéral ne fournit pas de services médicaux à l'ensemble des citoyens. Le système d'assurance-maladie est un mélange de programmes publics et privés. Les programmes publics (Medicare, Medicaid et le programme pour enfants) sont accessibles à certaines populations

1. *2025 Silicon Valley Index*, *op. cit.*
2. *Panorama de la santé 2023. Les indicateurs OCDE*, OCDE, 14 décembre 2023.

vulnérables mais ne couvrent que 30 % environ de la population. Les assurances privées font le reste, *via* l'emploi et, secondairement, *via* les compagnies d'assurances. Les employeurs ne sont cependant soumis à aucune obligation d'offrir une couverture santé à leurs salariés, et *a fortiori* à tous leurs salariés. À partir de 2015, l'Obamacare a introduit une incitation en imposant aux entreprises de plus de 50 salariés de proposer une couverture à au moins 95 % de leurs salariés à taux plein sous peine d'amende et, désormais, environ une entreprise sur deux propose une couverture santé mais avec des différences structurelles importantes. Surtout, 8 % des Américains (soit une trentaine de millions de personnes) ne bénéficient d'aucune assurance-maladie et nombreux parmi eux sont ceux qui se passent totalement de soins médicaux.

En outre, le marché de l'assurance-santé est d'une telle complexité que parmi ceux qui sont assurés, on considère que 30 millions de personnes environ sont « *underinsured* », autrement dit soumis à une proportion élevée de dépenses non prises en charge par rapport à leurs revenus. Les Noirs, les Hispaniques et les Amérindiens sont ainsi systématiquement sous-assurés par rapport aux Blancs. Quand, en France, le reste à charge représente en moyenne 370 euros par habitant, il atteint 1 030 euros aux États-Unis. Et beaucoup plus encore pour les soins dentaires et optiques. Quant aux tarifs médicaux, ils sont libres. Ainsi, la consultation d'un médecin généraliste atteint couramment 150 dollars (30 euros en France). Résultat, un Américain sur quatre n'a pas de médecin attitré et une proportion équivalente n'a pas pris rendez-vous chez un praticien depuis plus d'un an. Quant aux prix des médicaments prescrits sur ordonnance, ils sont en moyenne

2,5 fois plus chers que les médicaments vendus en France, par exemple. En fait, les Américains sont de plus en plus nombreux à renoncer à consulter pour des raisons financières (un sur trois selon les dernières enquêtes).

La crise des opioïdes (avec notamment les ravages causés par la consommation de Fentanyl), qui fait désormais figure de fléau dans le paysage social et sanitaire des États-Unis, est un pur produit de ce système de santé défaillant. Au départ, en effet, ce sont les médecins qui ont prescrit en masse ces substances antidouleur tandis que l'industrie pharmaceutique multipliait les campagnes pour les inciter à le faire, initiant ainsi un développement de l'utilisation illégale des opioïdes associée à l'inévitable problème d'addiction. Selon Amy Greene, spécialiste de la politique américaine et professeure à Science Po Paris, plus d'un million d'Américains sont morts d'une overdose depuis 2000, les trois quarts de ces décès étant imputables aux opioïdes. Actuellement, la politiste chiffre à 220 le nombre d'Américains qui succombent chaque jour à cette addiction tandis que ses ravages dépassent largement le nombre de personnes qui en meurent[1]. Lors de la dernière décennie, la consommation massive de cette substance psychoactive est devenue un facteur central de la chute de l'espérance de vie. Alors que celle-ci était comparable à celle des pays européens jusqu'aux années 1970, sa progression s'est peu à peu ralentie avant de voir la tendance s'inverser à partir des années 2010 (il faut incriminer aussi la « malbouffe »). Aujourd'hui, un Américain vit en moyenne 76,4 ans, soit quatre années de moins que dans les 38 pays membres de l'OCDE (Organisation de

1. Greene A., *L'Amérique face à ses fractures. Que reste-t-il du rêve américain ?*, Tallandier, 2024.

coopération et de développement économiques), et six années de moins qu'un Français. Quant au poids économique annuel de la crise des opioïdes, il ne cesse de croître. L'Agence fédérale pour le contrôle des maladies (Center for Disease Control and Prevention) l'a chiffré à plus de 1 500 milliards de dollars en 2020.

Une main-d'œuvre trop peu qualifiée

L'état de santé des Américains ainsi que la tragédie des opioïdes ont évidemment de nombreuses répercussions sur leur vie personnelle et familiale, mais elle a aussi un impact macroéconomique non négligeable, notamment sur le taux d'emploi (72 % seulement). Outre-Atlantique, 14 % des salariés sont « *disabled* » (autrement dit, inaptes au travail) tandis que 29 % des adultes souffrent d'une forme ou une autre d'invalidité. Il en résulte une proportion élevée d'Américains, souvent les plus déshérités, qui rencontrent des difficultés au travail en raison de leur état de santé, une proportion estimée à 13,4 % de la population par le Census Bureau et même à 26 % par le Center for Disease Control and Prevention. Autant de facteurs qui caractérisent un modèle social assez éloigné de nos standards européens. Les premières décisions de Trump 2 avec, par exemple, le gel des fonds fédéraux d'assistance et de soutien ou le projet de suppression de tous les programmes DEI (diversité, équité, inclusion) dans l'appareil fédéral risquent encore d'amplifier le phénomène.

Le pourcentage de la population active que l'on peut considérer comme inapte au travail n'est toutefois pas la seule raison pour laquelle les salariés américains rencontrent des difficultés dans leur vie professionnelle. Une autre fragilité, que les États-Unis d'ailleurs ont en partage avec plusieurs pays européens, dont la France, est associée à l'insuffisance de qualification de la main-d'œuvre.

Dans la dernière enquête OCDE PIAAC 2023[1] sur les compétences des adultes dont les résultats ont été publiés fin 2024, les États-Unis pointent loin derrière les pays leaders que sont la Finlande (289), le Japon (285) et la Suède (281), et même… derrière la France (253) avec un score de 251. Un chiffre qui confirme la faible qualification de la main-d'œuvre, faiblesse qui rend nécessaire une immigration importante dans un contexte de basses eaux démographiques (aux États-Unis, le taux de fécondité a atteint un plancher historique à 1,62 naissance par femme, sensiblement au-dessous du taux de renouvellement des générations).

Cette immigration est nécessaire non seulement pour pourvoir les emplois peu qualifiés, mais aussi pour apporter aux États-Unis des salariés dotés d'un niveau d'éducation élevé et d'un goût pour la création d'entreprises.

L'analyse de la structure de la population âgée de 25 ans et plus selon l'origine et le niveau d'éducation montre que les personnes nées à l'étranger sont au nombre de 47,8 millions (14,3 % de la population totale) et que, dans la population immigrée, plus d'une personne sur deux (51,4 %) est titulaire d'au moins une licence tandis qu'une sur quatre (25,8 %) peut se prévaloir d'une formation équivalente à BAC + 5 ou à un doctorat, contre seulement 15 % pour les *natives* (14,8 %) selon

1. *Do Adults Have the Skills They Need to Thrive in a Changing World ? Survey of Adult Skills 2023*, *op. cit.*

le Census Bureau et nos propres calculs[1]. L'exemple déjà évoqué de la Silicon Valley montre que la diminution de la population dans la région a été enrayée grâce, et seulement grâce, à l'arrivée de travailleurs étrangers – en l'espèce, essentiellement des personnes très qualifiées, principalement indiennes et chinoises. Ainsi, selon le Silicon Valley Index 2025, 66 % des salariés de la Tech titulaires d'une licence ou plus sont nés à l'étranger (dont 23 % en Inde et 18 % en Chine) contre 31 % d'Américains de souche. L'Amérique attire certes des immigrés très qualifiés, mais aussi des immigrés peu ou pas qualifiés. Avec 13,5 % de la population immigrée, ceux qui ont arrêté leurs études avant le secondaire sont également plus nombreux que la population « résidente » (8,6 %). Autant d'éléments qui confirment l'importance du rôle de l'immigration de travail dans l'économie américaine, aux deux bouts de la chaîne (peu ou pas qualifiés et très qualifiés), immigration qui, si elle était remise en cause, pourrait devenir un handicap économique sérieux dans l'Amérique de Donald Trump.

Désindustrialisation, déficits jumeaux et risque de crise financière…

Au chapitre des fragilités du modèle américain, il faut aussi évoquer d'un mot la situation financière des États-Unis. Entre les emplois de services peu qualifiés et ceux souvent très qualifiés de la Tech, les emplois intermédiaires, notamment industriels, ne cessent de se réduire, accompagnant

1. Chiffres 2023.

un processus de désindustrialisation amorcé déjà depuis plusieurs décennies. Ce phénomène, qui caractérise aussi les économies européennes, explique la taille du déficit commercial des biens et le niveau élevé du déficit extérieur.

Rappelons rapidement les quelques chiffres fondamentaux déjà évoqués. En vingt ans, la valeur ajoutée manufacturière a fondu, passant de près de 12 % à environ 10 % du PIB. Parallèlement, la balance commerciale des biens s'est sensiblement dégradée au point d'enregistrer un déficit de plus de 100 milliards de dollars par mois à la fin de 2024. Pour l'ensemble de l'année 2024, les États-Unis accusent un déficit de 1 202,7 milliards de dollars de leurs échanges de marchandises avec le reste du monde quand la Chine a dégagé un excédent de 992 milliards de dollars et l'Union européenne de 150,1 milliards d'euros[1]. Quant à la dette extérieure nette, elle est passée d'un peu plus de 10 % du PIB en 2006 à plus de 80 % fin 2024 et le déficit public à 1 830 milliards de dollars (6,3 % du PIB) pour l'exercice clos le 30 septembre 2024, selon l'office budgétaire du Congrès. Après le vote de la Big Beautiful Bill de Donald Trump par le Congrès, le déficit budgétaire prévu sur l'année fiscale 2005-2026 et ultérieurement sera supérieur à 7 % du PIB, en particulier en raison des fortes baisses d'impôt prévues. Autant de chiffres qui démontrent que le modèle américain dépend en effet, et ce n'est pas rien, de la volonté du reste du monde de continuer à le financer car, si tel n'était pas le cas, le pays serait exposé à une crise financière majeure. Il faut donc avoir en tête une question simple : qu'est-ce qui pourrait faire que cela se produise ?

1. Chiffres Eurostat.

Certes, nous l'avons déjà souligné, l'hypothèse est improbable tant la rentabilité du capital est plus élevée aux États-Unis qu'ailleurs. Aujourd'hui, la planète tout entière désire toujours investir en dollars. En revanche, à moyen/long terme, il est impossible d'écarter d'un revers de main un scénario moins rose. Le rôle officiel du dollar ne serait pas en cause, mais plutôt les mouvements de capitaux privés si un jour le Japon cessait de dégager des excédents extérieurs (or c'est déjà inscrit dans la démographie), si les pays de l'OPEP décidaient de conserver leurs centaines de milliards pour financer le développement de projets locaux[1] et/ou si les Européens se décidaient enfin à investir leur épargne sur le Vieux Continent, hypothèse qui n'est pas totalement extravagante compte tenu des besoins d'investissements tant publics que privés (intelligence artificielle, transition énergétique, dépenses militaires…) qui se sont fait jour au cours des dernières années.

Une augmentation de 1,5 point de PIB des dépenses militaires et de 2,5 points de PIB des investissements de l'UE (ce qui correspond à la part publique des investissements suggérés par le rapport Draghi) ferait passer l'Europe dans une situation de déficit de la balance courante alors que l'essentiel des capitaux à long terme qui sortent d'Europe aujourd'hui se dirige vers les États-Unis. Une rareté nouvelle de l'épargne compliquerait sérieusement le financement de la dette extérieure et de la dette publique américaines. Sans compter avec l'imprévisibilité de la politique économique menée depuis le début de 2025 par l'administration Trump qui n'est pas de nature à rassurer les investisseurs du monde entier.

---

1. Voir à ce sujet Artus P., Virard M.-P., *Quelle France en 2050 ?*, *op. cit.*, p. 104-109.

La rentabilité des investissements dans l'IA reste incertaine

Cette parenthèse sur la situation financière des États-Unis refermée, il existe selon nous un autre élément qui, paradoxalement, peut constituer un facteur de fragilisation du modèle américain : l'importance du rôle de la capitalisation boursière dans le fonctionnement de l'économie et, en particulier, la part prise par les promesses de développement de l'intelligence artificielle dans sa progression. Car si, comme on l'a souligné, une capitalisation boursière élevée a d'abord des avantages, elle n'est pas pour autant exempte de risques dès lors que les anticipations de résultats viennent à se révéler par trop optimistes. C'est ce que nous enseigne l'expérience de la crise des valeurs liées à Internet à partir du deuxième trimestre 2000. C'est la raison pour laquelle nous voudrions attirer l'attention sur le fait que le scénario pourrait bégayer avec les sociétés qui développent l'intelligence artificielle. La question en tout cas mérite d'être évoquée.

Jusqu'à une période récente, experts et investisseurs étaient pour la plupart très optimistes quant aux effets de l'intelligence artificielle sur la productivité du travail et sur la profitabilité des entreprises – avec l'impact que l'on imagine sur la croissance américaine et mondiale. Certaines études, telle celle publiée par Goldman Sachs Research en 2023, allaient même jusqu'à pronostiquer une hausse d'environ 1,5 % de la productivité mondiale et de 7 % du PIB mondial, soit près de 7 000 milliards de dollars, sur dix ans grâce à l'IA[1]. Un optimisme

1. *Generative AI Could Raise Global GDP by 7 %*, Goldman Sachs, 5 avril 2023.

qui, comme on pouvait s'y attendre, a dopé les indices boursiers des valeurs technologiques aux États-Unis : entre 2010 et 2025, l'indice Standard & Poor's 500 des valeurs technologiques a été multiplié par 12. Le phénomène a ébloui les investisseurs non résidents et boosté les entrées de capitaux à long terme aux États-Unis, entrées qui financent largement le déficit de la balance courante. Cet optimisme a également provoqué une très forte augmentation des investissements en nouvelles technologies (3,6 % du PIB en valeur), ce qui contribue à soutenir à la fois l'offre et la demande de biens.

Certains travaux de recherche récents consacrés aux perspectives de croissance et de profitabilité du secteur de l'IA aboutissent toutefois à des résultats plus mesurés, notamment ceux de Daron Acemoglu, prix Nobel d'économie 2024, qui montrent que si la productivité du travail et la productivité globale des facteurs vont progresser rapidement dans les secteurs dont l'efficacité est fortement améliorée par l'IA (codage, services aux entreprises, finance...), les tâches concernées représentent à peine 5 % de l'ensemble des tâches et qu'en conséquence l'effet global de l'IA sur la productivité, donc sur la croissance, devrait être faible, en tout cas à l'horizon d'une bonne décennie (+ 0,06 % l'an)[1]. Daron Acemoglu ne prétend pas que des progrès majeurs accomplis dans ce domaine ne pourront pas venir modifier la donne plus tôt que ce qu'il prévoit. Il met simplement en garde contre les projections très ambitieuses avant de rappeler qu'au milieu des années 1950, Marvin Minsky, considéré comme le père de l'IA, prédisait que les machines surpasseraient

1. Acemoglu D., *The Simple Macroeconomics of AI*, Massachusetts Institute of Technology, 5 avril 2024.

les humains dans un délai de quelques années seulement avant de récidiver dans les années 1970… Les professionnels n'ont-ils pas tout intérêt à faire rêver les investisseurs ? En outre, une récente recherche publiée par l'OCDE[1] met en évidence un risque supplémentaire : celui que les emplois détruits par l'IA se reportent vers des secteurs d'activité où la productivité du travail est faible, attirant ainsi l'attention sur l'impact de l'IA sur la quantité mais aussi sur la qualité des emplois.

En outre, un autre élément essentiel doit être pris en compte : déployer l'IA requiert des investissements considérables. Aux États-Unis, les experts prévoient que 325 milliards de dollars devraient être investis en 2025 et il est permis de penser que cet étiage annuel pourrait s'installer dans la durée. Il s'agit là d'énormes investissements qui généreront des profits dans le futur, mais peut-être dans un futur relativement éloigné. En tout cas, c'est une hypothèse qu'on ne peut écarter totalement. L'intelligence artificielle devrait donc certes faire baisser les coûts salariaux, mais elle devrait aussi et surtout renchérir sensiblement le coût du capital. Or, si les coûts des entreprises ne baissent pas, comment compter sur la baisse des prix espérée ? En outre, l'irruption du phénomène DeepSeek à la fin de 2024 a montré qu'il n'est pas exclu que les mastodontes de l'IA se voient concurrencés plus rapidement que prévu par de petits acteurs agiles beaucoup moins gourmands en capital. Cela suggère en tout cas qu'à ce stade le modèle n'est pas figé et que cette amorce de concurrence doit faire réfléchir sur les

1. Filippucci F., « The impact of Artificial Intelligence on productivity, distribution and growth : Key mechanisms, initial evidence and policy challenges », *OECD Artificial Intelligence Papers, n° 15*, Éditions OCDE, 2024.

projections de rentabilité des investissements IA mises en avant par la Big Tech.

Si l'optimisme des marchés financiers, quant aux bienfaits à venir de l'intelligence artificielle, devenait plus mesuré, soit en raison d'une révision à la baisse des anticipations de gains de productivité, soit en raison de la taille des investissements nécessaires, soit les deux, les États-Unis pourraient être confrontés à un appauvrissement patrimonial (la valorisation des « sept magnifiques » pèse désormais un tiers de la capitalisation globale des 500 sociétés du S&P 500, avec des niveaux qui se rapprochent de ceux de la bulle Internet des années 2000), une diminution des entrées de capitaux, des difficultés de financement du déficit extérieur et un recul du dollar, sans parler d'une baisse des investissements dans les nouvelles technologies. Une évolution qui ne serait pas sans conséquence sur le dynamisme de la croissance.

« La concurrence, c'est pour les losers »

Autre élément qui génère de nombreuses inefficacités et fragilise en définitive le modèle américain : l'affaiblissement de la concurrence sur le marché des biens et services. Pour un pays qui capitalise encore sur l'image de berceau naturel de la liberté, les États-Unis ont entamé depuis longtemps déjà une dérive monopolistique qui se joue des règles de la concurrence. En théorie, celle-ci est supposée assurer une répartition aussi juste que possible des revenus, éviter la constitution de rentes et autres privilèges et permettre la meilleure allocation possible des ressources rares pour une efficacité productive maximale.

A contrario, le développement des monopoles fausse le fonctionnement du marché, renforce les inégalités, entrave les échanges internationaux, fabrique des rentes, accentue la concentration de la richesse et appauvrit l'innovation, donc la croissance potentielle, en réduisant le nombre d'individus qui disposent des moyens d'investir. Supposons un instant, scénario extrême (et bien sûr purement rhétorique), que tout le patrimoine américain soit détenu par Elon Musk : seules les idées du créateur de Tesla et de SpaceX seraient alors susceptibles d'être mises en œuvre !

Une trop grande concentration de la richesse est en effet défavorable aux gains de productivité et à l'innovation car si cette concentration est forte (ce qui est le cas aux États-Unis pour les individus comme pour les entreprises), cela signifie que – par rapport à une situation où la richesse serait mieux répartie – de nombreuses personnes ne disposeront pas des ressources nécessaires pour créer leur entreprise et que de nombreux projets ne pourront pas être réalisés, ce qui correspond à un appauvrissement collectif potentiel. Comme l'ont montré les travaux de Philippe Aghion[1] ou de Thomas Philippon[2] en association avec d'autres chercheurs, l'omniprésence d'entreprises « superstars » réduit le nombre d'entreprises nouvelles créées, affaiblit l'incitation globale à innover en raison d'un risque accru d'échec, diminue le montant des financements disponibles ainsi que le niveau de concurrence sur les marchés.

---

1. Aghion P., Bloom N., Blundell R., Griffith R., Howitt P., « Competition and innovation : An inverted-U relationship », *The Quarterly Journal of Economics*, 2005, 120 (2), p. 701-728.
2. Gutiérrez G., Philippon T., « Fading stars », *AEA Papers and Proceedings*, 2019, 109, p. 312-316.

Dans un essai qui fait référence, publié en 2019[1], l'économiste français Thomas Philippon, professeur à la Stern School of Business de New York, analyse en effet le processus de concentration sans précédent qui s'est installé depuis plusieurs décennies dans un pays qui a inventé les lois antitrust et explique comment ce recul de la concurrence se fait au détriment des consommateurs et de la classe moyenne, et, *in fine*, de l'innovation, donc de la croissance. À coups de milliards de dollars de lobbying, les géants de certains secteurs (surtout dans les services tels la finance, les télécoms ou la santé, des secteurs le plus souvent à l'abri de la concurrence étrangère) ont réussi à augmenter leurs prix sans retenue, à maximiser leurs profits et à gonfler leurs dividendes, au détriment des consommateurs qui paient leurs services trop cher, des salariés dont les revenus sont cadenassés, et finalement de la croissance.

Le diagnostic est partagé par de nombreux chercheurs spécialistes des questions de concurrence. Il en est ainsi des travaux réalisés par Ufuk Akcigit, professeur d'économie à l'université de Chicago et chercheur associé au National Bureau of Economic Research. Dans une contribution pour le FMI[2], l'économiste turc s'est appliqué à démontrer que pour encourager l'innovation il ne suffit pas d'y affecter des fonds. D'ailleurs les États-Unis ont considérablement accru leurs dépenses de R&D au cours des quarante dernières années, ce qui n'a pas empêché l'innovation de ralentir et avec elle les gains de

1. Philippon T., *The Great Reversal. How America Gave Up on Free Markets*, Harvard University Press, 2019 ; trad. fr. : *Les Gagnants de la concurrence. Quand la France fait mieux que les États-Unis*, Seuil, 2022.
2. Akcigit U., *Le Paradoxe de l'innovation*, FMI, septembre 2024.

productivité et la croissance. Que s'est-il passé ? Akcigit fait clairement le lien avec le fait que « de gigantesques entreprises se sont mises à dominer de vastes pans de l'économie américaine en évinçant des entreprises plus petites, plus jeunes et plus innovantes. [...] Dans tous les secteurs, les plus grands acteurs ont privilégié des initiatives visant à défendre leurs positions au lieu de chercher vraiment à innover, privant ainsi l'économie d'éventuelles opportunités de croissance[1] ».

L'industrie pharmaceutique est un bon exemple de secteur où les grands labos pèsent de tout leur poids pour entraver la concurrence, en redoublant d'efforts afin de protéger leurs molécules (notamment en empêchant le développement de médicaments génériques). Lina Kahn, la présidente de la Federal Trade Commission (FTC), l'agence antitrust américaine, nommée par Joe Biden, a jeté un pavé dans la mare à l'automne 2024 en présentant dans *60 Minutes*, une des émissions phares de CBS, un inhalateur anti-asthme vendu l'équivalent de 7 dollars en France mais jusqu'à 500 dollars aux États-Unis parce que les fabricants américains continuent d'exploiter abusivement des brevets déposés dans les années 1950 afin de bloquer toute concurrence des génériques.

D'une manière générale, il est désormais bien documenté que la R&D des très grandes entreprises, notamment dans la Tech et dans la santé, est devenue pour l'essentiel une recherche défensive davantage destinée à tuer dans l'œuf toute concurrence potentielle qu'à innover. On voit aussi de plus en plus souvent ces quasi-monopoles aux profits astronomiques délaisser leur « *core business* »

1. *Ibid.*

pour s'aventurer à investir dans des métiers pour lesquels ils ne disposent d'aucune expertise particulière quitte à faire mauvais usage de leurs milliards.

Est-il encore possible de donner un coup d'arrêt à cette dérive anticoncurrentielle qui constitue en réalité une fragilité pour le modèle américain ? En dépit de la tentative de durcissement de la politique antitrust initiée sous la présidence de Joe Biden, la situation reste indécise depuis le retour de Donald Trump à la Maison Blanche. Grande pourfendeuse des pratiques anticoncurrentielles des Gafam, Lina Kahn a été remplacée par Andrew Ferguson à la tête de la FTC. Ex-avocat spécialisé dans les litiges antitrust, le nouveau président n'a pas la réputation d'être particulièrement indulgent pour les mastodontes du secteur mais ceux-ci croient savoir qu'il concentrera plutôt ses efforts sur les questions de vie privée et de confidentialité des données, leur laissant le champ libre sur le terrain des fusions-acquisitions. En tout cas, à l'occasion de sa nomination, Dan Ives, analyste vedette de la banque d'affaires Wedbush Securities, a cru pouvoir annoncer en fanfare sur X (ex-Twitter) « la fin du cauchemar pour le monde de la Tech ».

Premier test grandeur nature des nouvelles intentions de l'agence antitrust, le rachat par Google de Wiz, une jeune pousse d'origine israélienne spécialisée dans la sécurité du cloud, les centres de données géants qui prolifèrent portés par la vague de l'intelligence artificielle. Pour réaliser cette opération, Google (Alphabet) n'a pas hésité à mettre sur la table la modique somme de 32 milliards de dollars, soit le double de la valorisation affichée par Wiz lors d'une récente vente d'actions fin 2024. Le communiqué annonçant l'acquisition souligne que les produits de Wiz « resteront accessibles à toutes les plateformes dans le cloud (Amazon, Microsoft, Oracle...) », une précision qui vise manifestement à éviter de voir Google accusé par les autorités antitrust de vouloir restreindre la concurrence... Mais il faudra encore patienter avant de savoir quel sera le niveau d'agressivité des chiens de garde de l'antitrust version Trump quant aux grandes manœuvres de la Big Tech. On a toutefois l'intuition que le modèle concurrentiel tant vanté par les manuels d'économie n'est plus d'actualité. Peter Thiel, l'un des grands acteurs de la Silicon Valley, créateur de PayPal, l'avait exprimé sans détour il y a déjà bien longtemps : « La concurrence, c'est pour les losers[1]. » Nul doute que la maxime sera de nature à rencontrer un certain écho chez Donald Trump.

Sauver le rêve américain ou casser le modèle ?

De l'alibi philanthropique à la promesse renouvelée du « ruissellement », du mythe du self-made-man à la figure héroïque du génie visionnaire de la Silicon Valley, de Rockfeller à Musk ou Bezos, Donald Trump, à la fois homme d'affaires puis président, est le dernier (et non des moindres) héritier d'un siècle et demi de capitalisme fondé sur la culture du profit et rien d'autre. Pour des raisons tant historiques que culturelles, ces caractéristiques sont constitutives du modèle américain quelle que soit l'administration au pouvoir. Elles expliquent aussi

1. Thiel P., « Competition is for losers », *Wall Street Journal*, 12 septembre 2014.

pourquoi le modèle de l'État-providence à l'européenne ne s'est jamais imposé depuis la naissance des États-Unis. Jusqu'à preuve du contraire, une majorité d'Américains, y compris ceux qui souffrent le plus des inégalités et de la précarité, ne souhaitent pas voir l'État jouer un rôle plus important même si une telle évolution permettait d'obtenir une protection sociale plus généreuse mais au prix d'une pression fiscale plus élevée.

Il semble toutefois que les temps changent doucement. Paradoxalement, Donald Trump, qui peut se vanter de pouvoir compter sur l'appui des milliardaires et des grandes entreprises, en particulier de la Big Tech, grâce à la promesse de réductions d'impôt massives et de déréglementations tous azimuts, a été élu par un peuple d'Américains en souffrance, notamment les victimes de la désindustrialisation malmenées au cours des vingt dernières années, sur la promesse du « sauvetage du rêve américain ». C'est en tout cas ce qu'il a déclaré aux ouvriers de l'industrie automobile à Warren, dans le Michigan, une localité proche de Detroit, le 29 avril 2025. Une promesse en forme de mission impossible si l'on en croit en tout cas les mesures phares de politique économique qui ont marqué sa première année à la Maison Blanche. Va-t-il réussir – au prix sans doute de certains renoncements – à concilier l'inconciliable ou va-t-il fracasser le modèle économique qui a fait la croissance et la prospérité des États-Unis ? Il faudra sans doute attendre encore un peu avant de se forger définitivement une opinion, mais les premiers mois de son second mandat sont déjà riches d'enseignements.

CHAPITRE 4

Trump va-t-il réinventer l'« âge d'or » ou casser le modèle américain ?

« L'âge d'or de l'Amérique commence maintenant. » Dès son discours d'investiture, le lundi 20 janvier 2025, Donald Trump a fait d'emblée référence à une époque qu'il apprécie particulièrement, *the Gilded Age* (littéralement, « l'âge doré »). Le chrononyme fait référence à la période qui a coïncidé avec la présidence de William McKinley (de 1897 à 1901), marquée par la construction d'empires industriels et de fortunes mirobolantes, dans un climat de corruption généralisée et d'explosion de la pauvreté. Oubliant manifestement le côté obscur de la période, le 47e président des États-Unis a solennellement rendu hommage à ce prédécesseur en annonçant qu'il se faisait fort de « restaurer le nom d'un grand président, William McKinley, qui nous a rendus très riches ». Donald Trump apprécie tellement le bilan du « Tariff King » (« le roi des tarifs ») qu'il a décidé, dès son investiture, de redonner son nom au plus haut sommet des

États-Unis, dans la chaîne de l'Alaska, sommet qui avait été rebaptisé Denali par Barack Obama à la demande des Amérindiens.

C'est peu dire que le profil et l'action de William McKinley inspirent le nouveau locataire de la Maison Blanche. En 1890, et alors qu'il n'était encore que sénateur de l'Ohio, le gouvernement fédéral américain instaura, sous son impulsion, des tarifs douaniers qui passèrent en moyenne de 38 % à près de 50 %, tarifs que McKinley augmentera à nouveau une fois élu président. Une idée de génie selon Donald Trump qui rêve d'un modèle qui, en son temps, était censé permettre de financer plus de la moitié du budget fédéral sans avoir besoin de l'impôt sur le revenu. L'actuel locataire de la Maison Blanche « oublie » simplement qu'à l'époque l'ampleur des échanges internationaux et l'imbrication des chaînes de valeur mondiales n'avaient rien de commun avec ce qu'elles sont aujourd'hui. Il oublie aussi que, finalement, ces droits de douane non seulement ne firent pas de miracle mais renchérirent le coût de la vie au point de devenir rapidement très impopulaires. Les chercheurs du Peterson Institute rappellent qu'ils furent d'ailleurs à l'origine d'une sévère défaite républicaine lors des élections de 1890 avant que McKinley lui-même ne finisse par changer d'avis : « Les guerres commerciales sont stériles. Une politique de bonne volonté et des relations commerciales amicales empêcheront les représailles », déclara-t-il peu après sa réélection[1].

Le protectionnisme n'est pas le seul volet de la politique suivie par l'administration McKinley qui soit source

1. Irwin D. A., Wolff A. W., *Trump's Selective Celebration of President McKinley*, Peterson Institute for International Economics, 4 octobre 2024.

d'inspiration pour Donald Trump. Pendant la présidence de McKinley, la politique fut aussi des plus « amicales » à l'égard des magnats du pétrole (Rockefeller), de la banque (Pierpont Morgan), des chemins de fer (Vanderbilt, Morgan), de l'acier (Carnegie) ou de l'électricité (Edison) et de bien d'autres éminents capitalistes dont les affaires ne furent guère entravées par la mise en œuvre de la loi antitrust de 1890 dès lors que le président américain avait décidé de veiller personnellement à ce que l'administration américaine fasse le distinguo entre les « bons » et les « mauvais » monopoles. Enfin, McKinley fut aussi un fervent adepte d'un néo-impérialisme offensif que le 47e président américain reprendrait volontiers à son compte en rebaptisant le golfe du Mexique en golfe de l'Amérique, en « rachetant » le Groenland ou en transformant le Canada en 51e État des États-Unis (ce qui, en son temps, fut déjà le « rêve » de McKinley).

Rien de tout ce qui se décide à Washington depuis le 20 janvier 2025 ne devrait donc vraiment nous surprendre. En matière de politique économique, en particulier, chacun connaissait – grâce à son programme de campagne – les orientations que le nouveau président entendait donner à son second mandat. Autant que l'on puisse en être sûr encore aujourd'hui, l'« âge d'or » selon Trump se résume à un cocktail improbable à base de nouvelles barrières tarifaires, d'expulsions d'immigrants clandestins, de baisse des impôts et taxes, de cure d'amaigrissement du service public, de réindustrialisation offensive, sans oublier les visées expansionnistes destinées à capter telle ou telle ressource rare. Le tout sous-tendu par une philosophie d'une clarté cristalline : « Les États-Unis vont à nouveau se penser comme une nation [...] qui accroît notre richesse, étend notre territoire. » Et pour ceux qui n'auraient pas tout compris, Andy Ogles, un élu républicain du Tennessee auteur d'un texte de loi autorisant le président à acquérir le Groenland, a mis rapidement les points sur les « i » : « Nous sommes, pour parler clair, le prédateur dominant[1]. » Des propos que n'auraient sans doute pas reniés les pères fondateurs du capitalisme. Pour nombre d'observateurs, le retour de Donald Trump à la Maison Blanche consacre en effet aussi un retour aux sources, celui d'un capitalisme nationaliste (*America first*), isolationniste et, pour faire bonne mesure, illibéral, partant du principe que dans une économie où la rareté est partout, où il n'y aura pas assez de ressources pour tout le monde, il faut lutter sans attendre, et par tous les moyens, pour se les accaparer.

À ce stade de l'Histoire, c'est-à-dire environ neuf mois après le discours d'investiture du 47e président des États-Unis, de nombreuses incertitudes quant à la ligne économique suivie ne sont pas dissipées, mais il est tout de même utile, au-delà des postures et autres décrets signés frénétiquement par le président, d'analyser ce que nous savons déjà de la philosophie, des intentions et du contenu de la politique économique du locataire de la Maison Blanche afin d'essayer de donner une cohérence au tourbillon qui s'est abattu depuis janvier 2025 sur les États-Unis et sur le monde. En tant que membre éminent du club des « ingénieurs du chaos[2] », pour reprendre la formule désormais célèbre de Giuliano da Empoli, Donald

1. Andy Ogles a introduit le 13 janvier 2025 une proposition de loi visant à « autoriser le président à chercher à entamer des négociations avec le royaume du Danemark pour garantir l'acquisition du Groenland par les États-Unis ».
2. Da Empoli G., *Les Ingénieurs du chaos*, J.-C. Lattès, 2019.

Trump peut-il espérer, comme il l'affirme, redonner un nouvel élan au rêve américain ou ne risque-t-il pas au contraire de le fracasser ? Le fait même que l'on puisse poser la question ouvre de nombreuses pistes de réflexion autour de la politique économique de la nouvelle administration américaine, et, au-delà, quant à l'avenir du modèle américain.

La méthode Trump, premier facteur d'instabilité et d'incertitude

Dès les premiers jours de son installation à la Maison Blanche, le monde a compris que la méthode Trump fabriquerait elle-même instabilité, volatilité et incertitude. Au cours des premiers mois de son second mandat, le nouveau président n'a cessé de multiplier les effets d'annonce mais aussi les changements de pied, au point de saturer parfois l'espace politique et médiatique : instauration de droits de douane sur les importations en provenance de nombreux partenaires commerciaux de l'Amérique assortis de revirements incessants ; fermeture d'un certain nombre d'agences fédérales et licenciements de milliers de fonctionnaires ; chasse aux sorcières dans les milieux de la recherche et de l'université ; coup d'arrêt donné à l'aide au développement ; revendications territoriales (Groenland, Canada) ; pression sur l'Ukraine pour stopper la guerre avec l'envahisseur russe mais aussi pour obtenir une partie de l'exploitation de ses minerais et terres rares ; retrait de l'accord de Paris sur le climat ; encouragements à produire davantage d'énergies fossiles (pétrole, gaz naturel, charbon)… La liste n'est pas exhaustive. Une stratégie du coup d'éclat permanent qui se répète au fil des mois et charrie son lot d'incertitudes. Or chacun le sait : l'incertitude est un poison qui diffuse lentement mais sûrement ses effets dans l'économie comme sur les marchés financiers, qui l'ont en sainte horreur.

On en connaît le processus. L'incertitude décourage d'abord l'investissement des entreprises en raison d'un manque de visibilité accru sur les chiffres d'affaires futurs, qu'il s'agisse de l'investissement des firmes américaines ou de celui des partenaires commerciaux des États-Unis. Elle provoque ensuite un recul des indices boursiers avec renchérissement de la « prime de risque actions » dû lui aussi à l'absence de visibilité sur les profits à venir. C'est ainsi que, dès les premières semaines de la présidence Trump et surtout au tout début du mois d'avril, avec l'épisode des droits de douane, le VIX[1], l'indicateur de volatilité du marché financier américain, est passé par tous les états, jusqu'à crever le plafond des 50 points (52 le 9 avril)[2] avant de naviguer à nouveau dans des eaux plus calmes. Enfin, l'incertitude incite en général les investisseurs à arbitrer en faveur d'une proportion plus importante d'actifs sans risque (obligations, or) dans leurs portefeuilles. Quant aux consommateurs, ils finissent par être gagnés par l'inquiétude, constatant que le train de l'économie ralentit. Rien de bien fameux pour la croissance de l'économie : – 0,2 % au premier trimestre, avec un ralentissement de la consommation qui ne progresse plus que de 1,9 % en rythme annuel contre 3 % en 2024.

1. Le VIX est un indicateur de volatilité du marché financier américain. Il est établi quotidiennement par le Chicago Board Options Exchange et calculé en faisant la moyenne des volatilités annuelles sur les options d'achat et les options de vente sur l'indice Standard & Poor's 500.
2. Depuis 1986, le VIX n'a dépassé les 40 qu'à dix reprises.

Au-delà de la méthode, la nature même des décisions et des orientations annoncées (notamment l'instauration de droits de douane, la lutte contre l'immigration clandestine ou la chasse aux sorcières lancée dans les milieux de l'éducation et de la recherche), associées à un affaiblissement du dollar apparemment désiré, sont susceptibles de faire dérailler l'économie américaine, au risque de casser purement et simplement un modèle qui a fait pendant des décennies la prospérité des États-Unis, et par ricochet d'affecter celles de nombreux partenaires économiques de l'Oncle Sam. Une équation nouvelle dont nous allons essayer d'analyser les caractéristiques essentielles.

L'Amérique martyre de l'avidité de « 15 salopards » ?

Le déclenchement d'une guerre commerciale est, au moins dans les premiers mois, le premier événement à avoir marqué de son sceau la seconde présidence Trump. Présentée comme une « déclaration d'indépendance économique », l'offensive certes annoncée fut tout de même plutôt brutale et surtout erratique, marquée par une succession de décisions et d'annulations propres à donner plus d'une migraine aux exportateurs du monde entier.

Pour expliquer sa démarche, Donald Trump a présenté le 2 avril 2025 – lors d'un show scénarisé dans la roseraie de la Maison Blanche – un grand tableau des droits de douane qui, selon les calculs de son administration, seraient pratiqués par chaque grand partenaire commercial des États-Unis. Les chiffres ici n'avaient rien à voir avec les droits effectifs moyens, d'ailleurs modestes, appliqués depuis la fin du siècle (quelques pourcents tout au plus), mais avec des calculs censés prendre en compte les « manipulations de devises », les barrières non tarifaires (normes sanitaires, culturelles, climatiques…) imposées par les clients des États-Unis, sans oublier, en ce qui concerne par exemple un pays comme la France, la TVA qui frappe tous les produits vendus. De quoi agiter quelques chiffres mirobolants (les droits de douane sur les produits chinois grimperont fugitivement jusqu'à 145 %) et justifier l'idée selon laquelle les nouvelles taxes douanières américaines seraient légitimes. De cet improbable show, il ressortait un point essentiel : Donald Trump semblait s'être convaincu que l'Amérique était la victime de longue date de l'avidité de ses partenaires : « Notre pays a été pillé, saccagé, violé et dévasté par des nations proches et lointaines, des alliés comme des ennemis », a-t-il estimé dans sa conférence de presse du 2 avril. Il faut dire qu'il s'agit chez lui d'une vieille obsession : en 1987, le magnat de l'immobilier s'était déjà offert une page de publicité dans le *New York Times* pour accuser le Japon de ruiner l'industrie américaine avec ses exportations.

Un chiffre bien réel pourrait toutefois justifier l'importance accordée à la question des droits de douane par le président : le niveau record atteint en 2024 par le déficit des échanges de marchandises entre l'Amérique et le reste du monde (1 202,7 milliards de dollars). Un chiffre multiplié par 3 depuis 2000, par 12 depuis 1990, et la facture d'un pays surendetté qui vit largement au-dessus de ses moyens, n'épargne pas assez et importe sans aucune modération (voir graphique 9[1]). À l'exception de l'Amérique centrale et de l'Amérique du Sud, de Hong Kong, de l'Australie et du

1. La détérioration de la balance courante au début de 2025 est exceptionnelle et résulte de l'anticipation de la hausse des droits de douane.

Royaume-Uni avec lesquels ils dégagent de modestes excédents, les États-Unis ont enregistré l'année dernière des déficits considérables avec le reste de la planète : 295,4 milliards de dollars avec la Chine, 235,6 milliards avec l'UE, 171,8 avec le Mexique, 123 avec le Vietnam, pour ne citer que les plus importants. Pour la nouvelle administration américaine, il s'agit donc de cibler ceux que Scott Bessent, le secrétaire au Trésor, a baptisés du vocable délicat de « *Dirty 15* » (les « 15 salopards »), c'est-à-dire les pays, dont l'Union européenne, qui contribuent le plus au déséquilibre de la balance commerciale américaine.

En taxant désormais les importations à tout-va, la Maison Blanche se dit convaincue que les droits récoltés viendront renflouer les caisses du pays pour financer les baisses d'impôts promises, protégeront les emplois des citoyens américains, favoriseront la réindustrialisation, inciteront les entreprises étrangères à produire aux États-Unis, permettront d'augmenter les salaires, inaugurant une nouvelle ère de prospérité pour l'Amérique, en particulier pour l'électorat trumpiste de la Rust Belt (« ceinture de la

Graphique 9.
États-Unis : balance commerciale des biens manufacturés et services (données mensuelles en milliards de dollars)

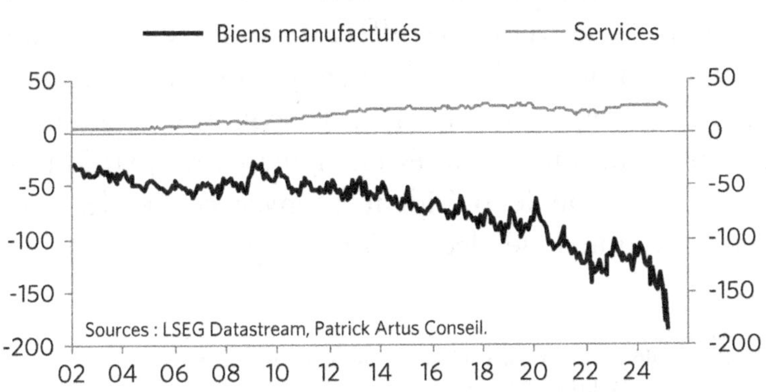

rouille ») et d'ailleurs. Bref, si l'on en croit les théoriciens de la nouvelle doctrine, l'Amérique serait à la veille de redevenir une puissance industrielle grâce aux barrières douanières. Mais faut-il sérieusement accorder foi à ce récit ou bien ne s'agit-il que d'une tactique destinée à faciliter la conclusion de ces fameux « deals » que le président américain appelle de ses vœux ? Il est bien difficile de le dire, mais une chose est sûre : dans ce domaine, l'expérience des derniers mois a déjà démontré que les obstacles à la mise en œuvre d'une telle politique commerciale étaient nombreux et les résultats pour le moins aléatoires.

Le consommateur américain première victime de la guerre commerciale

Il est permis tout d'abord de s'interroger sur l'efficacité d'un tel dispositif pour la machine économique et pour le consommateur américain. Si une hausse des tarifs douaniers avait jamais permis de redresser une balance commerciale, de relancer une industrie, de préserver l'emploi ou de doper la croissance, l'histoire économique en aurait gardé la trace. Ainsi, les experts de l'histoire américaine convoquent volontiers le souvenir des effets de la loi Hawley-Smoot de 1930 qui déclencha la dernière grande guerre commerciale[1]. À l'époque, les plus grands économistes américains s'étaient pourtant mobilisés en signant une pétition pour mettre en garde le président Hoover contre les conséquences d'une telle déclaration de guerre commerciale.

1. Nommée ainsi parce qu'il s'agissait d'une initiative du sénateur Reed Smoot et du représentant Willis C. Hawley.

En vain. Celle-ci entraîna des représailles de la part des pays européens qui provoqua une contraction violente du commerce mondial ayant pour effet de réduire fortement les importations des États-Unis (de 15 à 32 % selon les études) et de peser sur la croissance, prolongeant en l'aggravant la Grande Dépression. Du moins, Herbert C. Hoover avait-il l'excuse de chercher des solutions à la crise économique née du krach d'octobre 1929 quand Donald Trump a hérité, quoi qu'il en dise, d'une économie certes structurellement fragilisée par ses déficits jumeaux mais, on l'a vu, prospère.

Ensuite, il est à craindre que la politique douanière engagée par l'administration Trump ne recueille pas forcément les résultats attendus par Washington. Nous ne sommes plus à la fin du XIXe siècle et l'effet inflationniste des droits de douane sera élevé en raison de la situation de plein-emploi (de 1930 à 1932, le chômage était important), du poids élevé des échanges commerciaux dans le PIB des États-Unis et en particulier des pays émergents dans les importations américaines (si ces importations à coûts de production faibles diminuent, le prix des biens aux États-Unis augmentera) et de la difficulté à modifier les chaînes de valeur mondiales, donc à relocaliser autrement qu'à la marge les productions aux États-Unis (ce qui implique une faible baisse du volume des importations mais une forte hausse de leurs prix en raison des droits de douane). Autant de différences avec les années 1930 qui laissent redouter un effet négatif sur l'activité et surtout une hausse de l'inflation plus élevée aujourd'hui qu'après le *Smoot-Hawley Tariff Act*.

En fait, tout indique que le consommateur américain sera la première victime de cette politique car de nombreux secteurs ne disposent pas des marges suffisantes pour absorber l'essentiel du coût supplémentaire engendré par l'augmentation des droits de douane sans relever significativement leurs prix. Il s'agit notamment des secteurs où, à l'instar de l'habillement ou de la construction automobile, le niveau des marges ne permet guère l'ajustement. Le Budget Lab de l'université Yale[1] chiffre à une moyenne de 3 800 dollars supplémentaires par ménage et par an l'impact des nouveaux droits de douane (1 700 dollars pour les familles tout en bas de la distribution des revenus). Dans ces conditions, la baisse des prix promise par le candidat Trump n'est pas pour demain. D'autant que la politique anti-immigration clandestine, autre priorité du nouveau locataire de la Maison Blanche, devrait contribuer à les faire grimper.

Au-delà des droits de douane, qui, selon toute vraisemblance, devraient être finalement ramenés à des niveaux moins spectaculaires (néanmoins supérieurs à la situation *ex ante*), la politique de la nouvelle administration américaine comporte quatre autres volets qui risquent de menacer, à terme, l'efficacité du modèle économique des États-Unis et le niveau de vie des Américains.

Immigration, quand l'Amérique se tire une balle dans le pied

La lutte contre l'immigration est le premier d'entre eux. Si l'on en croit la Maison Blanche, Donald Trump a signé 140 décrets sur le sujet au cours des cent premiers

1. *Where We Stand : The Fiscal, Economic, and Distributional Effects of All US Tariffs Enacted in 2025 Through April 2*, The Budget Lab, 2 avril 2025.

jours de son mandat. Le Migration Policy Centre, un institut d'études indépendant, en a même compté 175, soit six fois plus que durant la même période de son premier mandat. Le président américain a remis en cause le droit du sol et mis fin aux programmes humanitaires (*Temporary protected status*) dont bénéficiaient des centaines de milliers de Haïtiens, de Vénézuéliens, de Cubains et de Nicaraguayens.

Par ailleurs, il a fait de l'anglais la langue officielle du pays, annulant ainsi l'obligation de traduire les documents officiels dont bénéficiaient les migrants. Il a aussi entrepris de couper les crédits fédéraux aux villes dites « sanctuaires » qui refusent de voir leurs polices réquisitionnées pour aider la police fédérale à arrêter les sans-papiers et signé un décret exigeant que tous les chauffeurs de camion soient capables de s'exprimer en anglais. Un exemple parmi d'autres des nouvelles tracasseries qui risquent de compliquer singulièrement l'activité des transporteurs routiers américains, qui emploient de très nombreux immigrés dont beaucoup rencontrent des difficultés à s'exprimer en anglais.

L'administration s'efforce également de rendre de plus en plus pénible la vie des travailleurs sans papiers installés de longue date aux États-Unis. Depuis le 11 avril 2025, tous les migrants illégaux doivent se faire enregistrer sur un fichier du département de la Sécurité intérieure. Le but officiel de cette mesure, qui ravive une disposition des années 1940, est de les encourager à partir d'eux-mêmes sans qu'il en coûte 1 dollar au contribuable américain. Washington a même annoncé le 5 mai 2025 qu'elle allait donner 1 000 dollars aux immigrés en situation irrégulière afin qu'ils « s'autoexpulsent », c'est-à-dire retournent d'eux-mêmes dans leur pays d'origine. Une « façon digne de quitter les États-Unis », a estimé le ministère de la Sécurité intérieure. Enfin, le gouvernement américain a levé les interdictions qui empêchaient les services de l'immigration d'accéder aux bases de données de l'IRS (le service des impôts) ou de la sécurité sociale, ce qui va permettre à la police de se procurer les adresses des migrants (plus de 4,5 millions d'entre eux paient des impôts). Même si nombre de ces initiatives ont été bloquées par des recours en justice, nul doute que l'administration n'obtienne gain de cause sur de nombreux volets de sa politique.

L'entourage de Donald Trump veut croire que l'expulsion des clandestins profitera aux travailleurs américains *via* des créations d'emplois et une augmentation des salaires, mais on sait toutefois que si l'expulsion des immigrés clandestins a pour effet immédiat de réduire la population active puisque nombre d'immigrés sans papiers n'osent plus se présenter à leur travail, pour autant il n'est pas certain que les Américains de souche soient prêts à se substituer à eux. Sur les 11 millions d'étrangers – dont 8,3 millions insérés dans le marché du travail, soit 6 % de la population active – qui vivent aux États-Unis illégalement[1] (sur les 48 millions nés à l'étranger), la plupart travaillent dans la construction, l'agriculture ou la restauration, à moins qu'ils n'occupent des postes très qualifiés dans la Tech, et près de la moitié ont élu domicile en Californie, en Floride, dans l'État de New York ou au Texas.

Dans un premier temps, la pénurie de main-d'œuvre dans certains secteurs contraindra surtout les employeurs à

1. Moslimani M., Passel J. S., *What the Data Says About Immigrants in the U.S.*, Pew Research Center, 27 septembre 2024.

augmenter les salaires pour espérer recruter, augmentation qui sera elle aussi facteur d'inflation. Or la désinflation observée aux États-Unis (de 9 % au début de 2022 à 2,9 % aujourd'hui) a été largement provoquée par le ralentissement des salaires : le salaire par tête augmentait encore de 7 % par an au début de 2022, une hausse limitée à 4,5 % en 2024 grâce à l'augmentation de l'immigration enregistrée pendant la présidence Biden. Le pourcentage des entreprises rencontrant des difficultés de recrutement avait alors diminué de 52 % au début de 2022 à 35 % au début du quatrième trimestre 2024. Une tendance qui pourrait s'inverser avec les décisions anti-immigration de la nouvelle administration.

La guerre au savoir est déclarée

Deuxième volet de la politique adoptée par la nouvelle administration américaine qui ne manquera pas d'avoir un impact sur le modèle économique américain : les attaques contre les institutions (universités, centres de recherche publics) qui pratiquent ou financent la recherche fondamentale aux États-Unis.

Purge historique dans les agences scientifiques de l'État, mise sous tutelle politique des financements fédéraux de la recherche, interférence dans le fonctionnement des universités, attaque contre la littérature scientifique… la guerre au savoir est déclarée. En quelques semaines, Donald Trump a dynamité tout l'édifice de la recherche américaine. Du jour au lendemain, une partie des subventions versées par l'État fédéral aux grandes agences scientifiques chargées de sélectionner et de financer les travaux de milliers de labos et d'universités ont été supprimées.

Dans le viseur du DOGE, le département de l'Efficacité gouvernementale dirigé le temps de quelques mois par Elon Musk : les NIH (National Institutes for Health), coordonnateurs de la recherche sur la santé, les CDC (Centers for Disease Control), en charge de la surveillance des maladies infectieuses, l'EPA (Environmental Protection Agency), l'agence de protection de l'environnement, l'Advanced Research Projects Agency-Energy (ARPA-E), l'Office of Research Integrity (ORI), sans oublier le ciblage d'un certain nombre d'universités soupçonnées d'être les bastions du « wokisme », voire de l'antisémitisme (Harvard, New York University, Columbia, Berkeley, Princeton, Johns Hopkins…). Les assauts répétés menés par exemple contre Harvard et ses étudiants étrangers sont emblématiques d'une volonté de mise au pas et la liste n'est pas exhaustive. Et, non contente de s'en prendre aux institutions, l'administration Trump a également visé des personnes clés du dispositif, telle Katherine Calvin, climatologue et scientifique en chef à la Nasa, licenciée en tant que directrice d'un groupe de travail du GIEC, le groupe de scientifiques qui étudie le changement climatique.

Le pilonnage ciblé et quasi obsessionnel entrepris dès l'installation de la nouvelle administration contre les chercheurs et les universitaires est certes à visée idéologique. Il suffit pour s'en convaincre de se remémorer les propos prononcés par J. D. Vance à l'automne 2021 à Orlando à l'occasion d'un discours à la National Conservatism Conference, discours dans lequel il désigne nommément les professeurs comme les « ennemis » de la nation avant d'appeler à faire la guerre au savoir : « Nous devons, honnêtement et agressivement, attaquer les universités de ce pays. » Mais il est également susceptible de nuire gravement à la prospérité de l'économie américaine tant la complémentarité entre la recherche fondamentale et ses applications industrielles constitue, comme on l'a vu, l'un des grands piliers de l'efficacité du modèle américain.

Aux États-Unis, les découvertes fondamentales sont faites par des labos publics ou universitaires avant que le privé s'en empare pour assurer le développement et la production. Désorganiser le système en profondeur, c'est vraiment prendre le risque d'affaiblir le niveau technologique de l'économie américaine et son attractivité pour les capitaux, les entreprises et les chercheurs étrangers, attractivité fortement corrélée à l'existence d'un système d'agences publiques de recherche et d'universités de pointe dans tous les domaines. C'est aussi compromettre les échanges internationaux qui, sur le plan scientifique mais aussi culturel, sont si importants dans le processus d'innovation. Les libertariens qui entourent Donald Trump sont persuadés que les entreprises feront aussi bien que les centres de recherche publics pour faire avancer les connaissances fondamentales, ce qui, si l'on en croit toutes les études sur le sujet, est très discutable. Selon nous, la plus grande menace qui pèse sur les États-Unis (même si ses effets négatifs ne se manifesteront qu'à long terme) est probablement celle d'un recul de la croissance potentielle américaine dû à la mise à mal de l'effort de recherche publique.

Le dollar fort, privilège exorbitant ou malédiction ?

Le troisième volet de la politique de la nouvelle administration américaine porte sur le niveau actuel du dollar. La thèse qui a fait son chemin dans l'entourage de Donald Trump (en particulier *via* Stephen Miran[1], le nouveau président du Council of Economic Advisors), est que le rôle dominant du dollar dans l'économie mondiale constitue un handicap pour les États-Unis parce que le niveau élevé de la demande de dollars qui en résulte provoque une surévaluation du billet vert et est responsable de la désindustrialisation du pays. Comme si de « privilège exorbitant[2] », le dollar, monnaie de réserve et valeur refuge par excellence, était devenu une sorte de malédiction. À l'inverse, et toujours selon Stephen Miran, une dépréciation maîtrisée de la monnaie américaine non seulement n'entraînerait pas de baisse du pouvoir d'achat des Américains, mais encouragerait la consommation et créerait des emplois.

Concrètement, il s'agirait pour ces militants du dollar faible d'amener les partenaires commerciaux des États-Unis – éventuellement par la menace de droits de douane démesurés – à vendre ou à échanger leurs bons du Trésor en dollars contre des obligations perpétuelles ou quasi perpétuelles très peu rémunérées. Tout simplement. Ce qui, en réduisant le rôle de la monnaie américaine comme monnaie de réserve, puisque ces pays se débarrasseraient

1. Miran S., *A User's Guide to Restructuring the Global Trading System*, Hudson Bay Capital, novembre 2024.
2. La formule est de Valéry Giscard d'Estaing en 1964.

d'une partie au moins de leurs titres libellés en dollars, aboutirait à une dépréciation du billet vert. Stephen Miran voit même plus loin : pour entériner cette dévaluation, il suggère la signature d'accords de Mar-a-Lago calqués sur ceux du Plaza de 1985[1]. Si on imagine mal les pays concernés vendre sous la pression leurs réserves de change en dollars et encore moins en convertir une partie en dette perpétuelle (soulignons au passage que la conversion d'une dette contre la volonté du détenteur est considérée comme un défaut, ce qui signifie que la dette américaine serait classée comme telle par les agences de *rating* et deviendrait exigible), en revanche il est certain que le président de la FED, aujourd'hui Jerome Powell, demain un dirigeant choisi par la Maison Blanche (Jerome Powell devra céder la place en mai 2026 s'il résiste jusque-là), sera soumis à forte pression pour baisser les taux d'intérêt. L'idée, qui séduit apparemment le président des États-Unis (mais ne fait pas l'unanimité dans son entourage), ne semble pas pertinente car disposer d'une monnaie qui joue un rôle dominant dans le système monétaire et financier international constitue clairement un atout pour l'économie américaine.

Le dollar fort permet aux États-Unis de réduire le coût des importations de biens (or, on l'a vu, l'Amérique pourra difficilement se passer de ces importations), de valoriser au mieux ses exportations de services et d'attirer les capitaux indispensables au financement de ses investissements technologiques (ce qui serait impossible sans les entrées de capitaux de non-résidents attirés par le statut du dollar).

1. Signés le 22 septembre 1985 entre les membres du G5 (États-Unis, Japon, Allemagne, Royaume-Uni et France), les accords du Plaza décident d'une intervention commune et coordonnée sur les marchés des changes pour faire baisser le dollar.

La poursuite du développement de l'économie *via* la Tech grâce à ce « privilège exorbitant » de la monnaie de réserve mondiale compense largement la perte d'une industrie bas de gamme provoquée par un dollar fort. En outre, et contrairement à ce que semblent penser certains conseillers de Donald Trump, une dépréciation du dollar n'améliorerait pas significativement la balance commerciale des États-Unis dans la mesure où la substituabilité entre les importations et la production domestique, tout comme celle entre les exportations et la production des autres pays, est faible. Enfin, la diminution de la demande mondiale de dollars et de titres du Trésor des États-Unis conduirait non seulement à une dépréciation du billet vert mais aussi à une forte augmentation des taux d'intérêt à long terme des États-Unis.

Des déficits et une dette hors de contrôle

Enfin, revenons sur un point essentiel, quatrième volet de notre réflexion : le niveau des déficits et de la dette publique et son poids dans le système de financement international. Le déficit de la balance commerciale des biens et services a atteint 918 milliards de dollars en 2024, soit 3,2 % du PIB (graphique 9), et le déficit de la balance courante (qui inclut les divers transferts de revenus : profits rapatriés, aide internationale…) est encore plus élevée (304 milliards pour le seul quatrième trimestre 2024). Quant au déficit budgétaire américain, il est hors de contrôle, à 6,25 % du PIB pour l'exercice clos le 30 septembre 2024 avec des dépenses fédérales (6 750 milliards de dollars) de 37 % supérieures aux recettes (4 920 milliards).

Ayant laissé filer les dépenses, Joe Biden en porte la responsabilité, mais Donald Trump a aggravé la situation avec ses amis républicains du Congrès en décidant de baisser massivement les impôts. Le déficit devrait augmenter de 4 000 milliards de dollars sur dix ans, malgré la hausse des droits de douane et la réduction des dépenses de santé.

Le déficit extérieur est actuellement financé sans difficultés majeures par des entrées de capitaux à long terme depuis le reste du monde, en particulier par des achats de dette du Trésor US par des non-résidents. Pour preuve, le niveau des taux d'intérêt à long terme sur la dette américaine est resté inférieur à la croissance nominale des États-Unis. Mais que la confiance des investisseurs non résidents soit ébranlée et que leur perception de la qualité de la dette américaine vienne à se dégrader et on assisterait à la vente de titres du Trésor US (fin 2024, la dette du Trésor américain détenue par les non-résidents s'élevait à 8 500 milliards de dollars), ce qui entraînerait pour l'Amérique une difficulté plus grande à financer le déficit extérieur et, par conséquent, une augmentation des taux d'intérêt à long terme, le ralentissement de la croissance et une dépréciation du dollar. Le 16 mai 2025, l'agence de notation Moody's, la dernière à accorder son crédit maximal aux États-Unis, a à son tour dégradé la note du pays, invoquant des déficits hors de contrôle (Standard & Poor's l'avait fait dès 2011 et Fitch en 2023). Un petit indice, mais indice tout de même, d'une amorce de dégradation de la confiance des investisseurs dans la qualité du « papier » américain. Quels sont les facteurs qui pourraient amplifier cette perte de confiance ?

D'abord, tout simplement, l'absence d'amélioration du déficit et de la dette publics, voire une dégradation sous la pression des baisses d'impôt promises pendant la campagne présidentielle. Après le vote de la Big Beautiful Bill, l'estimation consensuelle est que le déficit public dépassera les 7 % du PIB d'ici à 2034 et le taux d'endettement public progresser de 100 à 122 % du PIB. Une perte de contrôle susceptible d'inquiéter les marchés financiers quant à la qualité de la dette publique américaine. Déjà, le Japon, la Chine, le Brésil et l'Inde ont réduit leur détention de titres du Trésor américain.

Le deuxième facteur tient aux velléités, évoquées plus haut, de Donald Trump de faire baisser coûte que coûte le dollar. S'il persistait dans cette voie, tout indique que la faiblesse du billet vert, cumulée à la hausse des droits de douane, aurait surtout pour effet de relancer l'inflation. Normalement, les investisseurs étrangers ne sont pas sensibles à l'inflation américaine et font leurs calculs en fonction de leur pays de résidence. Toutefois, une volonté de déprécier le billet vert qui se traduirait par une politique monétaire beaucoup plus expansionniste (autrement dit, une baisse des taux d'intérêt) ne manquerait pas d'inquiéter les marchés financiers et de peser sur la qualité de la monnaie et sur la dette. Or les marchés sont préoccupés par la question de l'indépendance de la Banque centrale (Federal Reserve) dès lors que le mandat de Jerome Powell arrivera à son terme, en mai 2026.

Il faut aussi évoquer l'hypothèse d'une éventuelle réaction négative des marchés si d'aventure l'administration actuelle décidait de remettre vraiment en cause certains aspects de l'État de droit (indépendance de la Banque centrale, séparation des pouvoirs entre exécutif, législatif et judiciaire...). Il ne s'agit pas là tout à fait d'une vue de l'esprit. La tentation est clairement évoquée dans le *Project 2025* concocté par le *think tank* conservateur Heritage Foundation, et source d'inspiration de certains conseillers de la Maison Blanche.

Enfin, la méfiance pourrait également s'installer si certaines propositions bizarres de manipulation financière touchant la demande de dollars par les non-résidents venaient à se concrétiser. Ainsi, on l'a vu, Stephen Miran recommande de susciter la vente d'obligations en dollars détenues par le reste du monde afin de substituer une dette à cent ans à la dette souveraine existante – l'idée étant d'imposer ce tour de passe-passe aux détenteurs étrangers sous la menace de droits de douane exorbitants et/ou de l'arrêt de la protection militaire des États-Unis. Si ce projet devait voir le jour, la demande pour les obligations en dollars chuterait. Certes, le taux de change du dollar se déprécierait, mais on assisterait surtout à une hausse des prix des produits importés, au retour de l'inflation et à une dégradation de la balance commerciale des États-Unis. Un cercle vicieux s'installerait sans que le pays puisse éviter une forte hausse des taux d'intérêt, voire une récession.

En résumé, nous pensons que cette politique économique esquissée par Donald Trump ou par son entourage (sans que l'on sache d'ailleurs à ce stade jusqu'à quel point elle sera mise en œuvre) ne peut avoir, contrairement à ce que pense Washington, des effets positifs à long terme pour la prospérité de l'Amérique et des Américains car elle poursuit des objectifs à la fois contradictoires et contraires à ce qu'il faudrait faire pour garantir la prospérité et l'avenir du modèle américain. Nous allons essayer d'expliquer pourquoi.

Une politique économique incohérente et inadaptée

Les grandes orientations de la politique économique que Donald Trump souhaite mettre en œuvre sont désormais bien connues. Le président américain veut faire baisser les prix afin de rendre du pouvoir d'achat à ses concitoyens ; mettre en place des droits de douane pour essayer de réindustrialiser le pays et inciter les firmes étrangères à produire sur le territoire américain ; stopper l'immigration clandestine pour satisfaire les aspirations de nombre d'Américains, en particulier des électeurs républicains qui l'ont porté à la Maison Blanche. Mais ces différents objectifs sont contradictoires.

Il est bien documenté que la hausse des droits de douane tout comme le coup de frein donné à l'immigration provoqueront une augmentation (et non une baisse) des prix. Les entreprises ne peuvent pas (ou ne veulent pas) modifier leurs chaînes de valeur et continueront à produire à l'étranger ce qu'elles ont délocalisé (donc il n'y aura pas de réindustrialisation significative) tandis que la distribution veut proposer des prix bas aux consommateurs, ce qui suppose d'importer en grandes quantités de nombreux biens de consommation courante. Quant à la lutte contre l'immigration, elle aura également un effet inflationniste parce que la désinflation observée au cours des dernières années a été largement provoquée par le ralentissement des salaires lié précisément au niveau très élevé de l'immigration enregistré depuis 2022.

Force est donc de constater que l'objectif de baisse des prix et d'augmentation du pouvoir d'achat des Américains est incompatible avec la politique de hausse des droits de douane et de lutte contre l'immigration, politique qui va au contraire provoquer un supplément d'inflation, sans pour autant réindustrialiser les territoires touchés par la crise de l'industrie traditionnelle. Et dans la mesure où les salaires ne sont que partiellement indexés outre-Atlantique, tout indique que l'on va observer une baisse du pouvoir d'achat des salariés.

Surtout, la politique économique de Donald Trump est non seulement composée d'objectifs contradictoires (c'est sans doute la raison pour laquelle un certain nombre d'entre eux ont déjà été (ou seront) abandonnés au fil des mois), mais la philosophie qui la sous-tend est inadaptée au modèle économique des États-Unis au point de risquer de casser la machine. En réalité, la politique économique esquissée au cours de la première année de ce mandat est exactement à l'inverse de ce qu'il faudrait faire : les États-Unis dépendent trop du reste du monde pour mener une politique isolationniste.

Le rêve de la réindustrialisation ressemble à une chimère

Résumons en quelques phrases les points qui ont déjà été évoqués : les dépendances du pays de l'Oncle Sam vis-à-vis du reste du monde sont multiples. D'abord, une dépendance vis-à-vis de l'immigration, qualifiée et non qualifiée, en raison d'un niveau de compétences médiocre de la population active « native » et un taux de fécondité désormais descendu à 1,7. Ensuite, une dépendance vis-à-vis de l'épargne du reste du monde nécessaire pour pallier le faible niveau d'épargne des Américains et financer les investissements, particulièrement dans la Tech. Également, une dépendance vis-à-vis de la production de biens dans le reste du monde en raison de la désindustrialisation associée à une demande des consommateurs de produits bon marché fabriqués dans les pays émergents. Enfin, une dépendance vis-à-vis des marchés étrangers pour les services technologiques et financiers, autant de clients nécessaires au développement de la Tech américaine qui réalise 50 % de son chiffre d'affaires hors des États-Unis. Comment mieux dire que la stratégie du conflit permanent n'est pas forcément la bonne option dès lors que les partenaires commerciaux des États-Unis pourront dégainer demain des restrictions en forme de rétorsions à l'accès à leur marché domestique pour les firmes technologiques américaines ?

Cette dépendance au reste du monde relègue le rêve d'une réindustrialisation au rang de chimère : il est irréaliste de rêver refaire de l'Amérique un « pays industriel ». Ce rêve avait déjà fait son apparition dans le discours de l'administration Biden soucieuse d'apporter des réponses à la révolte de la classe ouvrière, à la fragilité des chaînes d'approvisionnement révélée par la crise sanitaire et à la menace grandissante des entrées de produits chinois. Pour autant, les faits sont têtus et la désindustrialisation est une réalité (voir graphique 10), même si l'administration Trump met en scène chaque fois que possible telle ou telle annonce spectaculaire de relocalisation. TSMC et ses 100 milliards de dollars d'investissement sur le territoire américain. CMA CGM et ses 20 milliards annoncés par Rodolphe Saadé. Sanofi et ses 20 milliards d'investissement d'ici à 2030 dans la recherche et la production. Mais, en définitive, il devrait y avoir peu de relocalisations industrielles aux États-Unis. Pour de nombreuses raisons.

Pour s'en convaincre, il suffit de repartir de la théorie des avantages comparatifs démontrée pour la première fois en 1817 par l'économiste britannique David Ricardo dans ses *Principes de l'économie politique et de l'impôt.* Cette théorie, à la base du commerce international, explique que, dans un contexte de libre-échange, chaque pays a intérêt à se spécialiser dans la production pour laquelle il dispose de l'écart de productivité (ou du coût) le plus fort en sa faveur, ou le plus faible en sa défaveur, comparativement à ses partenaires, la spécialisation des pays en fonction de leurs avantages comparatifs et leur intégration au commerce mondial étant alors profitable à chacun d'entre eux.

Appliquée à l'économie américaine, elle montre que les États-Unis n'ont aucun avantage comparatif à relocaliser la production de la plupart de leurs biens manufacturiers.

Graphique 10.
États-Unis : valeur ajoutée manufacturière
(volume en % du PIB)

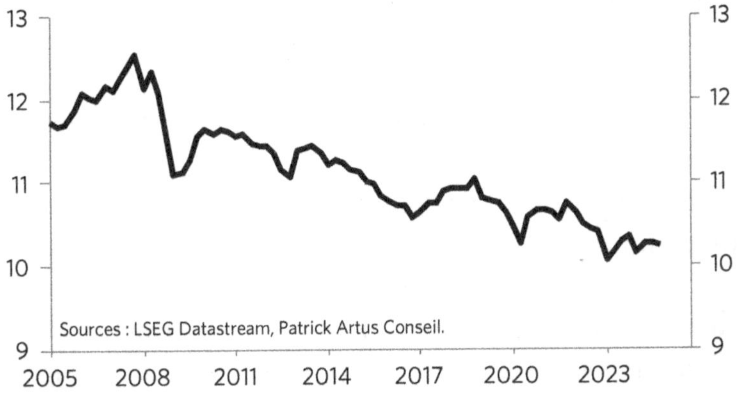

Ils affichent un déficit de la balance commerciale des biens vis-à-vis de toutes les régions du monde et pour pratiquement tous les types de biens, à l'exception des minerais. Vouloir à tout prix relocaliser l'industrie condamne le pays à n'obtenir aucun résultat (il continuera à importer le même volume de biens mais à un prix plus élevé), ou à voir l'efficacité de l'économie diminuer puisque le pays n'a pas de talents particuliers pour produire des biens manufacturés (notamment un faible niveau de compétence de la population active). Sans oublier que tout rapatriement de production est une opération complexe car il est toujours très difficile, long et coûteux de modifier l'organisation d'une chaîne de valeur. En outre, est-il besoin de rappeler à quel point les coûts de production dans l'industrie sont élevés aux États-Unis (avec un salaire mensuel minimum de 1 257 dollars) par rapport à leur niveau en Chine (266 dollars), au Vietnam (195 dollars) ou au Mexique (354 dollars) ? La politique qui consiste à relocaliser l'industrie aux États-Unis en accroissant les droits de douane sur les importations est donc, selon nous, vouée à l'échec. La bonne voie pour les États-Unis nous semble plutôt de rester ouverts au monde et de développer encore leur avance technologique.

L'angle mort du réchauffement climatique

Il est impossible d'achever cette revue de la politique économique selon Trump sans dire un mot de son angle mort : la politique énergétique et la lutte contre le réchauffement climatique. En faisant de « forer à tout-va » (« *Drill, baby, drill* ») un choix et un slogan politiques, le président des États-Unis nous rappelle qu'il est plus difficile en Amérique qu'ailleurs de rompre avec une logique extractiviste et agressive pour l'environnement car elle est ancrée de longue date dans la culture économique du pays.

La prise de fonction du 47e président s'est traduite par le retrait des États-Unis de l'accord de Paris, un retrait qui peut compromettre les négociations internationales sur le climat et l'objectif de limiter le réchauffement à 1,5 °C. Selon les calculs effectués par le site britannique Carbon Brief (Fondation européenne pour le climat), la présidence de Donald Trump pourrait entraîner l'émission de 4 milliards de tonnes d'équivalent CO_2 supplémentaires d'ici à 2030 par rapport aux politiques menées sous l'administration Biden, soit un surcoût évalué à quelque 900 milliards de dollars. Un chiffrage *a minima* sachant qu'outre le retrait de l'accord de Paris, Donald Trump a fait part de sa volonté de doper les projets de développement de l'intelligence artificielle à l'énergie bon marché, notamment en accélérant la délivrance de permis et en réduisant les protections environnementales. Le président a par ailleurs supprimé l'objectif imposé par l'administration Biden de voir les ventes de véhicules neufs constituées d'au moins 50 % de voitures électriques d'ici à 2030.

En fait, l'Amérique MAGA (« *Make America great again* ») refuse de se plier aux règles internationales : les enjeux financiers et stratégiques associés à l'IA sont, selon elle, trop colossaux pour tolérer de voir des puissances étrangères, et notamment européennes, s'en mêler. Au contraire, face à une Europe qu'elle considère comme affaiblie, Donald Trump est bien décidé à imposer ses règles. Un défi pour le Vieux Continent qui ne doit surtout pas renoncer à décarboner son économie afin de se doter d'un avantage compétitif en termes de transition énergétique qui, à moyen/long terme, peut faire la différence (nous y reviendrons).

Au cours de cette première année de mandat, Donald Trump semble avoir fait le pari de remodeler en profondeur le modèle économique américain, quitte à prendre le risque de le fracasser. Certains observateurs estiment que, ce faisant, il est motivé par une vision plus politique qu'économique de l'avenir de l'Amérique, et cherche avant tout à apaiser la colère de ses partisans qui estiment que le rêve américain a été confisqué par les élites, les femmes et les minorités[1]. D'autres considèrent plutôt que Donald Trump et ses proches conseillers se sont bel et bien forgé une doctrine fondée sur un mélange d'isolationnisme, de protectionnisme et d'illibéralisme comme moyen de restaurer une puissance économique qui aurait été perdue. Une certitude en tout cas : comparaison faite, les différences entre les modèles américain et européen sont considérables et se creusent encore davantage avec la politique menée depuis le début de 2025 par la Maison Blanche. Avec, en toile de fond, l'affrontement annoncé de deux modèles bien distincts, l'un pensé comme un instrument de puissance (celui des « empires » américain et chinois), l'autre comme un marché ouvert (celui de l'Europe).

L'évolution de la politique économique des États-Unis demeure toutefois à ce jour incertaine. Il est permis de penser que compte tenu de leurs effets négatifs sur l'économie (inflation, pénurie de main-d'œuvre, baisse des entrées

1. C'est notamment le point de vue d'Antara Haldar, de l'université de Cambridge, *in What is MAGAnomics ? The Economics Behind Trump's « America First »*, Project Syndicate, 10 février 2025.

de capitaux), les trois axes emblématiques de la première année de mandat (droits de douane, rejet de l'immigration, dépréciation du dollar) seront sans doute fortement atténués voire supprimés. En revanche, il est à craindre que la politique hostile à la science et à la recherche publique soit poursuivie puisqu'il s'agit d'une posture idéologique. D'autant qu'elle ne produira pas d'effets politiquement gênants à court terme. Au contraire. Elle peut satisfaire la base électorale de l'univers MAGA. Toutefois, la poursuite de cette politique antisavoir n'en sera pas moins désastreuse et, à ce stade, nous pensons qu'il s'agit là du plus grand sujet d'inquiétude pour la croissance de long terme des États-Unis car on peut s'attendre à une baisse progressive de la capacité d'innovation et du rythme des découvertes fondamentales du pays avec un recul des gains de productivité et de la croissance potentielle. Quoi qu'il en soit, les *MAGAnomics* devraient bousculer significativement le modèle économique américain et constituer une source d'instabilité, d'inefficience et de conflits pour les partenaires commerciaux de l'Amérique comme pour la planète. Avec une certitude : le monde sans frictions, la Terre plate de Thomas Friedman[1], c'est fini ! Dans ce monde nouveau qui se dessine, comment l'Europe doit-elle réagir ? Quel modèle adopter ?

Le Vieux Continent ne manque pas d'atouts. À condition de regrouper ses forces, d'avoir le courage de s'adapter rapidement et de prendre les décisions qui s'imposent, tant sur le plan national que communautaire, pour restaurer sa capacité à créer des richesses tout en préservant ce

1. Friedman T. L., *The World Is Flat : A Brief History of the Twenty-first Century*, Farra Straus & Giroux, trad. fr. : *La Terre est plate. Une brève histoire du XXIe siècle*, Éditions Saint-Simon, 2006.

qui fait la qualité de son modèle social et sa résolution à réussir une transition énergétique qui devrait à terme non seulement améliorer le bien-être individuel et collectif mais lui assurer, sur le plan économique, un avantage compétitif. Pour conclure, nous allons essayer de dessiner les contours de ce nouveau modèle pour l'Europe.

CHAPITRE 5

Relancer la croissance pour sauver le modèle européen

Pour l'Europe, le moment est venu de se donner les moyens de faire mentir une grande partie du monde MAGA qui contemple aujourd'hui, non sans une certaine condescendance, une Europe affaiblie, démoralisée, jusqu'à lui prédire une sortie de l'Histoire dans un monde de plus en plus post-européen. Mais, pour y parvenir, elle doit sans attendre réinventer son propre modèle. Pour prendre la mesure de l'enjeu, rien de tel que de revenir tout simplement une dernière fois aux mots du rapport Draghi : « Si l'Europe ne parvient pas à devenir plus productive, nous serons contraints de faire des choix. Nous ne pourrons pas devenir à la fois un leader des nouvelles technologies, un modèle de responsabilité climatique et un acteur indépendant sur la scène mondiale. Nous ne pourrons pas financer notre modèle social. Nous devrons revoir à la baisse certaines, voire toutes nos ambitions. » Alors, quel nouveau modèle ?

Spontanément, la comparaison des deux systèmes, l'américain et l'européen, suggère qu'entre la zone euro et les États-Unis il faudrait choisir : pour faire court, opter pour une économie dynamique ou pour un modèle social généreux, sans qu'il soit possible de marier les deux. Un choix en forme de dilemme pour lequel on observe que les Européens penchent tantôt d'un côté, tantôt de l'autre. Confrontés aux lourdeurs de la pression fiscale et de la bureaucratie, les chefs d'entreprise, les créateurs de start-up et autres acteurs de la finance ont tendance à envier à leurs homologues américains l'efficacité de leur modèle, quitte à s'accommoder de quelques-unes de ses dérives. En revanche, l'immense majorité des salariés (notamment français) affichent clairement leur préférence pour un meilleur pouvoir d'achat, un niveau élevé de protection sociale et davantage d'égalité dans tous domaines. Quant aux dirigeants européens, la plupart d'entre eux sont tout simplement tétanisés à la seule évocation des 800 milliards d'euros par an d'investissement chiffré par le rapport Draghi pour éviter le décrochage, au point que le chiffre (et surtout son financement) est devenu quasiment tabou ! Pourtant, nos dirigeants doivent agir, et agir sans attendre.

En fait, le défi auquel l'Europe est confrontée est d'orchestrer aussi harmonieusement que possible une sortie du piège à croissance faible et la préservation du modèle social. Le Vieux Continent doit d'abord restaurer le dynamisme de son économie pour défendre ses positions dans la grande bagarre planétaire qui s'annonce, mais aussi pour continuer à garantir aux Européens le modèle social généreux auquel ils sont viscéralement attachés. Avant de redistribuer, il faut créer des richesses, c'est aussi simple que cela. *A fortiori* en ces temps de déclin démographique. Et si en dépit de son efficacité le système américain ne peut être un modèle ni pour le Vieux Continent, ni pour la France, en raison de ses effets secondaires sur la société, le *statu quo* n'est pas plus envisageable.

Il suffit de rappeler en deux mots les données du problème. Dans les années qui viennent, les besoins d'investissements (transition numérique, énergétique, innovations de rupture, défense) de l'Europe seront énormes. Le rapport Draghi chiffre, rappelons-le, à 4,5 points de PIB chaque année les besoins d'investissement additionnels en Europe, la moitié à la charge des États, l'autre moitié à celle des entreprises. Par ailleurs, compte tenu du contexte géopolitique, les pays de la zone euro vont devoir accroître leurs dépenses militaires. Hisser celles-ci au niveau du budget militaire américain (3,4 % du PIB) imposerait de les augmenter d'environ 1,6 point de PIB pour l'ensemble de la zone euro. Soit, au total, des dépenses publiques en progression d'un peu plus de 4 points de PIB (2,5 + 1,6).

Or nous ne sommes pas dans la même situation qu'au cours d'autres périodes de notre histoire récente lorsque de tels efforts s'étaient brutalement imposés. Il y a concurrence fiscale entre les pays et il paraît très difficile – hormis quelques niches comme la taxation de l'héritage (voir encadré 2) d'imaginer financer un tel effort par l'augmentation de la pression fiscale. Par ailleurs, il est difficile de pousser le déficit européen de 3 à 7 % du PIB sans provoquer une crise financière. Sans marge sur les rentrées fiscales comme sur le creusement des déficits, il ne reste qu'une piste sérieuse : la réduction des dépenses associée à une amélioration de la croissance potentielle. Avec, nous semble-t-il, deux axes complémentaires : d'une part, réformer les États (la France pour ce qui nous concerne) afin de dépenser moins (et mieux) tout en conciliant croissance et préservation du modèle social ; d'autre part, dynamiser l'écosystème européen afin qu'il puisse accompagner dans les meilleures conditions les différents acteurs dans la voie de la modernisation.

Encadré 2.
En France, taxer l'héritage pour favoriser l'innovation

L'idée d'une taxation des plus riches est un grand classique du débat budgétaire français, et il devrait *a fortiori* reprendre de plus belle à l'approche de la prochaine échéance présidentielle. D'autant que les exigences actuelles en matière de dépenses publiques laissent, on l'a vu, peu de marges de manœuvre côté dépenses, hormis une réforme de l'État à la suédoise (son efficacité, ses missions). Restent les recettes… Mais, là encore, la pression fiscale étant ce qu'elle est dans notre pays, la marge de manœuvre semble des plus étroites. Pour dire les choses clairement, il nous semble que la seule piste éventuelle est celle d'une taxation accrue de l'héritage. C'est l'occasion d'insister sur le lien entre l'importance de l'héritage et les effets d'une concentration excessive du patrimoine.

L'idée part d'un constat simple : en vingt ans, les inégalités de patrimoine ont explosé en France. Essentiellement en raison de la hausse des prix de l'immobilier et de la Bourse. Début 2021, la moitié des ménages détenait 92 % de la masse totale du patrimoine brut, l'autre moitié se partageant les 8 % restant. La part de la fortune héritée représente aujourd'hui 60 % du patrimoine total contre 34 % en 1970. Un niveau comparable à celui de l'entre-deux-guerres. Une proportion qui ne devrait pas baisser dans les vingt ans qui viennent. Une étude du cabinet de conseil Cap Gemini, qui évalue la fortune des millionnaires de la planète, essentiellement des baby-boomers, à 80 000 milliards d'euros, estime que les deux tiers de ce montant vont changer de mains d'ici à 2045, ce sera le plus gros héritage de tous les temps.

D'un point de vue économique, cela revient à constater le retour d'une société d'héritiers, plus inégalitaire et moins dynamique quand la naissance et la rente prennent le dessus sur le mérite et le travail. La concentration excessive du patrimoine signifie en outre que les opportunités d'investissement, de création d'entreprise sont réduites par rapport à une situation où la répartition des patrimoines serait sensiblement plus égalitaire. On sait, par de nombreux travaux d'économistes, que la concentration extrême des patrimoines est défavorable à l'innovation[1]. Outre qu'elle ferait rentrer des fonds dans les caisses de l'État et contribuerait à la réduction des inégalités, une telle taxation offrirait des opportunités à davantage d'individus pour favoriser l'entrepreneuriat et l'innovation.

S'inspirer des réformes mises en œuvre en Europe du Nord

Pour avancer dans la bonne direction, inutile d'aller chercher bien loin : au sein même de l'Europe, certains pays de l'Union européenne tels la Suède, le Danemark et la Finlande, mais aussi la Suisse qui n'appartient pas à l'UE, ont fait la preuve qu'il est possible de préserver modèle social et qualité de vie, associés à un niveau d'inégalités modéré (voir graphique 11) tout en affichant

1. Aghion P., Bloom N., Blundell R., Griffith R., Howitt P., « Competition and innovation : An inverted-U relationship », art. cit.

depuis le début du siècle des niveaux de croissance en moyenne supérieurs à la moyenne européenne.

Ces différents pays présentent tous, à des degrés divers, des caractéristiques communes. Citons ici les quatre essentielles. D'abord, ils ont su mener à bien une réforme de l'État afin de restaurer des marges de manœuvre financières après une période de crise financière plus ou moins aiguë. Ensuite, ils ont investi massivement dans les domaines qui nourrissent la croissance potentielle, à commencer par la recherche-développement et l'éducation (notamment scientifique), ce qui leur a permis d'améliorer leur productivité et leur taux d'emploi (voir graphique 12). Enfin, ils ont su réformer leur système de retraite pour un système géré au moins partiellement par capitalisation afin de disposer d'une épargne susceptible de s'investir dans des projets risqués.

La quatrième caractéristique, et non des moindres, concerne non pas des décisions de politique économique mais un état d'esprit collectif. Il s'agit de pays qui ont réussi à assurer le bon fonctionnement des institutions et à parier sur le consensus pour décider et mettre en œuvre les réformes dans la durée. Chacun a en tête l'exemple de la réforme de l'État à la suédoise ou la mise en place de la flexisécurité à la danoise, deux réformes majeures validées et cogérées par les partenaires sociaux, mises en œuvre sans à-coup malgré les alternances politiques. On peut également évoquer la capacité suisse à s'appuyer sur les institutions politiques, capacité nécessaire dans un pays où cohabite une pluralité de cultures et de langues. Dans tous les cas, la culture du consensus a favorisé la prospérité économique et la modernisation tranquille du pays.

Graphique 11.
Indice de Gini des inégalités de revenu (après redistribution), 2010-2024

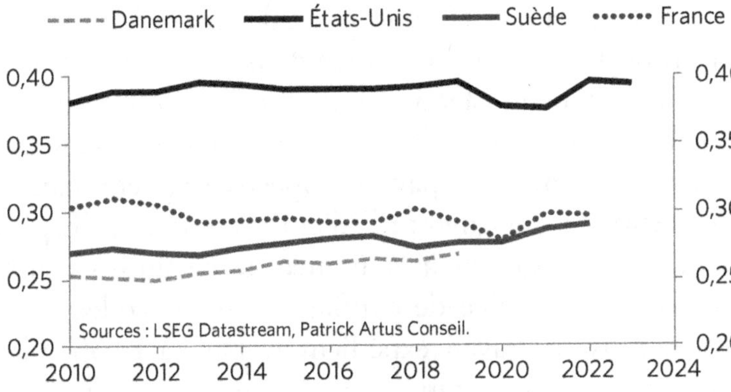

Graphique 12.
Taux d'emploi des 15-64 ans (en %)

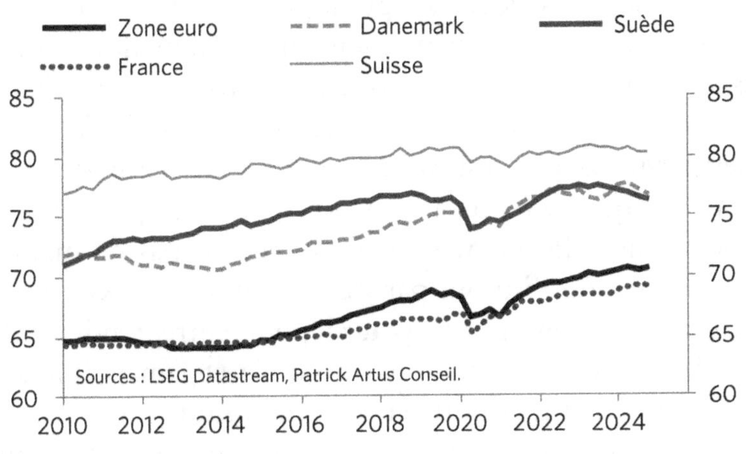

Et, de la prospérité économique au bonheur, il n'y a qu'un pas si l'on en croit le *World Happiness Report 2025*[1] qui, à son tableau d'honneur, classe Finlande, Danemark, Islande et Suède aux quatre premières places (et la Suisse à la 13e). Selon les auteurs, ces pays combinent en effet ce qui fait le secret de la félicité : un niveau de vie confortable associé à un degré élevé de confiance dans les autres. Dans ces pays, le niveau de satisfaction suit globalement la courbe du PIB par habitant[2]. Mais la félicité n'est pas la même pour tous car de nombreux pays européens stagnent dans les profondeurs du classement : l'Allemagne est 22e, l'Espagne 38e, l'Italie 40e. Quant à la France, le pessimisme global dans l'avenir, l'absence de confiance dans le collectif et la perte de sens au travail expédient le pays à la 33e place, quelque part entre l'Arabie Saoudite et Singapour.

En France, la situation financière du pays associée à la crise politique et institutionnelle, qui s'est encore amplifiée depuis juin 2024, alimente ce pessimisme mortifère. Le dérapage des dépenses publiques est devenu un sujet d'angoisse collective au moment où la Cour des comptes les considère comme « hors de contrôle » et la France « au pied du mur ». Le premier président de la Cour, Pierre Moscovici, considère que tout nouveau dérapage serait critique : « Nous ne pouvons plus nous permettre de reporter nos efforts. Si nous ne le faisons pas de manière volontaire, nous finirons par y être contraints. » Avant d'en arriver là, il n'est pas trop tard pour entreprendre enfin la réforme de l'État toujours évoquée et jamais initiée.

En réformant l'État et en réduisant ses dépenses publiques de façon radicale (l'équivalent de 20 points

1. Réalisé par Gallup sous le patronage des Nations unies, 20 mars 2025.
2. Finlande, Danemark, Islande, Suède, Pays-Bas, Norvège, Luxembourg. La Suisse est 13e.

de PIB en dix ans) mais dans un climat de concertation et de confiance, la Suède – confrontée elle aussi à une énorme crise des finances publiques dans les années 1990 – a choisi pour se réformer une méthode qui a permis de financer les dépenses nécessaires au redressement et dopé la croissance. Une méthode dont la France, tout en préservant ses spécificités, pourrait utilement s'inspirer.

Réforme de l'État, la voie suédoise

Dès les années 1990, Stockholm a mis en œuvre une réforme audacieuse de l'État suédois. Confronté à une crise profonde des finances publiques, ce pays a mené une série de réformes structurelles qui lui ont permis de ramener en dix ans ses dépenses de 69 à 49 % du PIB et de dégager un excédent budgétaire (0,8 % du PIB en 1998) sans pénaliser la croissance (voir graphique 13).

Graphique 13.
Dépenses publiques (en % du PIB valeur)

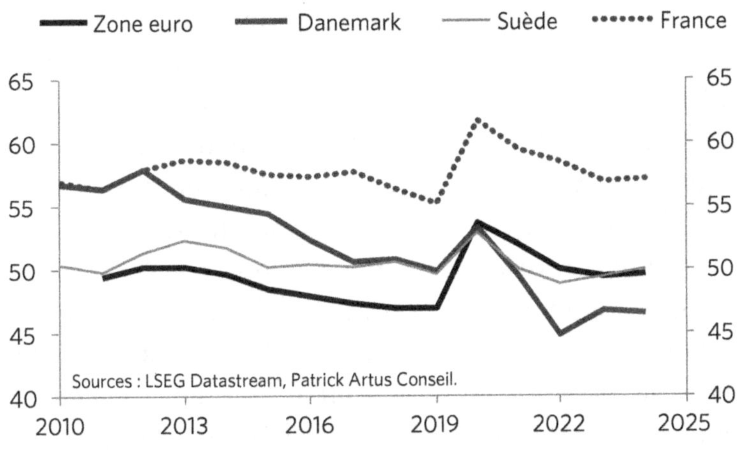

Sources : LSEG Datastream, Patrick Artus Conseil.

Le premier volet a porté sur une réduction des dépenses de protection sociale (dépenses de santé, allocations familiales, allocations-chômage avec la réforme du marché du travail) et sur une réforme des retraites avec la mise en place d'un système qui marie retraite par points et capitalisation. Chaque salarié dispose d'un compte dit « notionnel » qui lui donne le montant de sa retraite en fonction de l'âge où il décide de cesser son activité (à partir de 61 ans). Le système est assorti d'un « lissage automatique » qui garantit l'équilibre financier du dispositif quitte à baisser temporairement les pensions. Grâce à ces réformes, les dépenses de retraite sont restées à peu près stables, autour de 11 % du PIB.

Le deuxième volet a été consacré à une redéfinition des périmètres de l'État et des services publics au moyen de la privatisation de pans entiers de l'économie, notamment les transports, la santé, les maisons de retraite, la poste, les pharmacies, les agences pour l'emploi, les écoles maternelles... L'ouverture de ces secteurs à la concurrence a favorisé l'amélioration de la productivité dans le secteur public.

Le troisième volet a concerné l'administration centrale qui, à l'issue de la réforme, comptait une quinzaine de ministères et 250 agences (à noter au passage que le modèle des agences suédoises n'a rien de commun avec ce que l'on nomme agences en France et dont on veut aujourd'hui réduire le nombre), chacune d'entre elles en charge d'une mission de service public (école, transport, budget, enseignement professionnel, santé...) et évaluée régulièrement de manière indépendante. Dans le même temps, le nombre de fonctionnaires était considérablement réduit tandis que les salariés des agences se voyaient proposer des contrats de travail de droit privé et des rémunérations individualisées. La réforme a permis de réduire la pression fiscale, passée de 49 à 41,3 % aujourd'hui (les Suédois ont toutefois dû prendre à leur charge les dépenses associées aux services privatisés), et d'augmenter les dépenses publiques porteuses d'avenir, comme les dépenses de recherche-développement (3,6 % du PIB quand la zone euro n'y consacre que 2,25 % de PIB).

À l'évidence, de telles réformes requièrent un projet et une volonté politique capables d'avancer dans la durée, mais aussi, et surtout, une capacité collective à passer des compromis et à accepter de faire évoluer le système. Et, dans ce domaine, chacun sait que le facteur culturel constitue un élément essentiel du succès de la réforme. Les Français ne sont pas des Suédois, mais dans la situation des finances publiques tricolores, le pire serait de s'interdire de réfléchir au système des agences, à la transformation du statut de certains fonctionnaires, à l'avenir du système de retraite ou à la politique de l'emploi à partir des ingrédients de la recette suédoise. Sauf à accepter de voir les impôts continuer à augmenter et les déficits publics se creuser…

La flexisécurité danoise reste une piste à explorer

Pratiquement à la même époque que la Suède, c'est-à-dire à la fin des années 1990, le Danemark a décidé de réformer en profondeur la politique de l'emploi en mariant étroitement flexibilité et sécurité. Plus précisément, la flexibilité du marché du travail et la sécurité associée à la prise en charge du risque de chômage par le gouvernement (d'où le terme de flexisécurité[1]) au moyen d'un système d'indemnisation généreux des personnes au chômage et de la mise en œuvre de politiques actives de l'emploi visant à éviter le chômage de longue durée tout en contrôlant la disponibilité et la motivation des chômeurs. Au fil des années, le degré de protection de l'emploi est ainsi devenu le plus faible des pays de l'OCDE (alors qu'il se situe parmi les plus forts en France[2]) en même temps que la protection de la personne se renforçait sensiblement.

Concrètement, qu'est-ce que cela signifie ? L'État garantit une indemnisation du chômage élevée (90 % du salaire antérieur pendant deux ans) mais, en contrepartie, tout chômeur doit se conformer à des règles très strictes : un nouvel inscrit doit prendre rendez-vous avec l'assurance-chômage au plus tard deux semaines après la perte de son emploi. Pendant la durée d'indemnisation, il doit envoyer au minimum deux lettres de candidature par semaine et ne peut prendre des vacances qu'avec l'autorisation du service public de l'emploi. S'il refuse un travail qui correspond à sa qualification, il perd automatiquement ses indemnités même si la proposition financière qui lui est faite est inférieure à son salaire antérieur. Enfin, après un an de chômage, le demandeur d'emploi est tenu d'accepter toute proposition de travail qui lui est faite à travers le pays. En contrepartie, la formation des demandeurs

1. La notion de flexisécurité apparaît pour la première fois en 1995 aux Pays-Bas dans une note d'Ad Melkert, ministre du Travail, intitulée « Flexibiliteit en zekerheid », mais c'est l'expérience danoise amorcée à la fin des années 1990 qui fait figure de référence en la matière.

2. Sur une échelle de 0 à 6, les valeurs augmentant avec le degré de rigueur de la réglementation, le Danemark se situe à 1,94, quand l'Allemagne est à 2,33, la France à 2,68 et l'Italie à 2,86 pour les licenciements individuels ou collectifs de CDI ; à 1,60 pour les contrats temporaires contre 2,58 pour la France (source OCDE, derniers chiffres disponibles 2019).

d'emploi est très efficace, ce qui maintient le chômage de longue durée à un niveau très bas. En outre, le passage d'une protection forte de l'emploi à une protection forte des salariés améliore les compétences des individus, accélère la rotation sur le marché du travail et facilite le fonctionnement de l'ascenseur social.

Il faut le redire une fois encore car cela nous paraît essentiel : si la France avait le taux d'emploi du Danemark par exemple (autrement dit, plus de 80 % contre 69 %), le niveau d'emploi serait supérieur de 17 %, celui du PIB d'au moins 11 % et les recettes fiscales d'au moins 5 points de PIB supplémentaires, ce qui ferait disparaître tout problème de finances publiques et mieux encore redonnerait à notre pays les marges de manœuvre financières nécessaires pour faire face aux immenses défis qui se présentent (le financement de la défense notamment) et préparer à l'avenir (investir dans les nouvelles technologies et dans la transition énergétique notamment). Bref, la flexisécurité à la danoise, souvent évoquée en France dans les débats autour de l'avenir de notre modèle social, est restée jusqu'à présent un beau sujet de séminaires et autres colloques, mais reste une piste à explorer, quitte à l'adapter à la réalité hexagonale.

Le rôle des institutions et la culture du consensus

Il ne suffit évidemment pas d'un coup de baguette magique pour réussir la modernisation d'un modèle économique et social. On l'a vu, de nombreuses conditions sont requises, de nature à la fois économique mais aussi politique, sociale et culturelle, à commencer par la bonne volonté de tous les acteurs. Dans tous les pays qui ont su adapter leurs modèles au cours des dernières décennies, les différentes réformes, en particulier celle des retraites, ont été précédées d'un long processus d'expertise et de négociation entre le gouvernement et les partenaires sociaux. Une culture du consensus fort éloignée du syndrome de la ligne rouge, sans parler des multiples tabous qui paralysent le débat en France. Les révolutions culturelles sont sans doute les plus difficiles à accomplir. Les observateurs évoquent volontiers pêle-mêle la longue histoire d'un peuple français toujours prêt à préférer la révolution à la réforme, une tradition catholique sans doute moins encline que la tradition protestante à accepter l'effort, les règles et les contraintes, des syndicats nationaux (et non de branches) peu soucieux de compromis, sans oublier une culture économique balbutiante dans l'opinion... Autant de blocages amplifiés aujourd'hui par la paralysie des institutions.

De ce point de vue, l'exemple suisse et le bon fonctionnement de ses institutions politiques, indispensable dans un pays qui compte une pluralité de cultures et de langues, mérite que l'on s'y arrête un instant.

La Suisse est gouvernée par un Conseil fédéral composé de sept membres (élus tous les quatre ans par l'Assemblée fédérale) qui représentent les principaux partis politiques et prennent leurs décisions par consensus. Il existe une répartition des rôles entre le Conseil fédéral, les 26 cantons et les 2 172 communes avec un mode de fonctionnement où le principe de subsidiarité (les décisions sont prises au niveau le plus compétent) est appliqué systématiquement. Ainsi, chaque canton gère son système d'éducation (sauf pour les universités fédérales), ses hôpitaux, l'entretien des routes, la police. Les citoyens suisses sont également régulièrement consultés par référendum sur l'approbation de textes législatifs décidés par les communes, les cantons, la confédération ou encore issus d'initiatives populaires.

Cette démocratie directe incite les partis politiques à négocier des compromis afin d'éviter que les lois soient ultérieurement contestées par référendum. Une fluidité démocratique qui trouve sa traduction économique. La Suisse affiche un revenu par habitant deux fois plus élevé que celui de la France (même en parité de pouvoir d'achat, c'est-à-dire corrigé de l'écart entre les niveaux de prix) grâce à la qualité de son système éducatif (la Suisse occupe la 5e place au dernier classement PISA), à un effort soutenu de R&D (3,3 % du PIB) qui lui a permis de conserver une industrie de bonne taille (la valeur ajoutée manufacturière représente 20 % du PIB, deux fois plus que dans l'Hexagone) et à un taux d'emploi de 80 % contre un peu moins de 69 % en France.

Chacun sait qu'il ne s'agit pas de réformer pour réformer, mais de dégager des marges de manœuvre afin d'investir dans l'avenir, à la fois sur le plan national et sur le plan européen. Et la route sera longue car le retard accumulé par l'Europe en général, et la France en particulier, dans le domaine des technologies innovantes est emblématique de cette urgence.

Pour La Fabrique de l'industrie, deux chercheurs ont recensé les brevets déposés au cours des dernières années par chaque pays dans 12 domaines technologiques dits « de rupture » (batteries électriques, photovoltaïque, acier bas carbone, nanoélectronique, ordinateur quantique…)[1]. Leur constat est sans appel : au palmarès international des technologies innovantes, largement dominé par les États-Unis, la Chine, le Japon et la Corée du Sud, les Européens sont aux abonnés absents. Quant à la France, elle n'apparaît « jamais comme un pays leader ou spécialisé » dans aucune des technologies étudiées. La situation de la France, qui révèle un retard certain dans la maîtrise des grandes évolutions, n'est peut-être pas désespérée mais elle est pour le moins critique, ajoutent les auteurs.

Voilà à quoi doivent servir les marges de manœuvre dégagées dans la douleur par la réforme de l'État et des grandes institutions publiques (retraite, marché du travail, collectivités locales…). Il est grand temps d'investir plus

Graphique 14.
Dépenses totales de R&D (en % du PIB valeur).

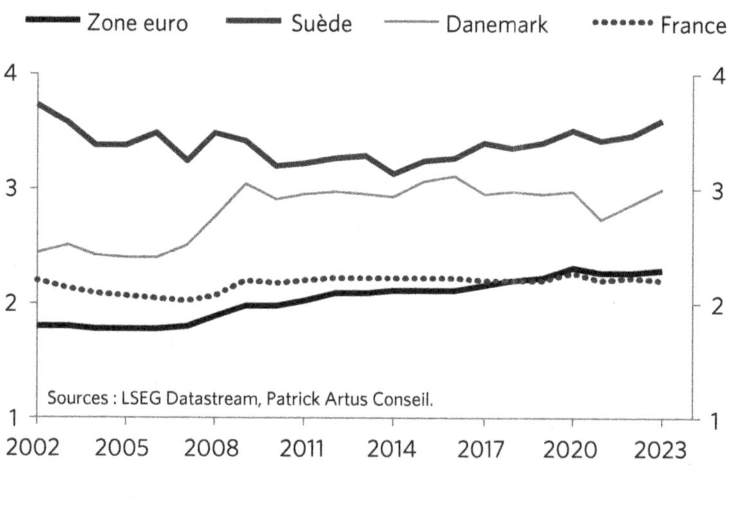

1. Bellit S., Charlet V., *L'Innovation de rupture, terrain de jeu exclusif des start-up ? L'industrie française face aux technologies-clés*, La Fabrique de l'industrie, « Les notes de la Fabrique », 7 décembre 2023.

et d'investir mieux dans la R&D. Avec 2,19 % de PIB en R&D, légèrement inférieur à la moyenne de la zone euro, la France arrive loin derrière la Suède, qui occupe la première place européenne avec 3,57 % de PIB en 2023 (graphique 14). Mais si, pour réémerger dans les nouvelles technologies, de gros investissements dans la recherche-développement et les innovations de rupture sont nécessaires, ils resteront insuffisants si notre pays ne dispose pas de la matière grise et des compétences pour les transformer en croissance potentielle. Or, de l'avis même de la plupart des experts, le système éducatif français vire à la catastrophe.

En finir avec la catastrophe éducative

Catastrophe éducative, le mot n'est pas trop fort. Que l'on parle de l'éducation des plus jeunes ou des compétences des actifs, on sait que la France s'est installée depuis longtemps dans les tréfonds des classements internationaux sans que les innombrables gouvernements qui se sont succédé depuis trente ans et plus ne parviennent à redresser la barre. Les derniers résultats de l'enquête PISA, enquête phare de l'OCDE réalisée tous les trois ans (la dernière remonte à 2022) afin d'évaluer les compétences et les connaissances des élèves de 15 ans en mathématiques, en compréhension de l'écrit et en sciences confirment le décrochage des jeunes Français (classés 23e)[1]. La France

1. Créé par l'Organisation de coopération et de développement économiques (OCDE), le programme PISA évalue les compétences et les connaissances des élèves de 15 ans en mathématiques, en compréhension de l'écrit et en sciences. Quatre-vingt-un pays et économies ont participé à l'évaluation de 2022, qui s'est concentrée sur les mathématiques, et les données ont été publiées par l'OCDE le 5 décembre 2023 (Programme international pour le suivi des acquis des élèves [PISA], OCDE, 2023).

affiche un score global très inférieur à celui des pays asiatiques qui trustent la tête du classement mais aussi de la Suisse, des Pays-Bas, de l'Irlande, du Danemark ou du Royaume-Uni.

Le système éducatif français est en outre un système qui néglige la formation des scientifiques. En mathématiques, particulièrement (la « majeure » de cette livraison), les petits Français touchent le fond avec un score à son point le plus bas depuis 2000. Une dégringolade confirmée par les autres enquêtes, telle la dernière étude TIMSS (*Trends in Mathematics & Science Study*) publiée en décembre 2024 qui évalue les performances des élèves de CM1 et de quatrième. Pour les élèves de CM1, la France se classe 42e sur les 58 pays étudiés, reléguée à la dernière place de l'Union européenne, loin derrière le Royaume-Uni, l'Irlande, la Norvège et la Suède. Les jeunes Asiatiques (Singapour, Taïwan et la Corée du Sud) occupent les trois premières places sur le podium. La situation est un peu moins catastrophique pour les élèves de quatrième (24e sur 44 pays) mais ceux-ci sont tout de même la lanterne rouge de l'UE. Pour compléter le tableau, l'enquête nous apprend aussi que, si l'on s'intéresse cette fois aux très bons élèves, on constate qu'ils sont certes un peu meilleurs mais beaucoup moins nombreux (3 % en CM1 et en quatrième) que dans le reste des pays de l'échantillon.

Enfin, l'écart (catastrophique) de niveau entre les filles et les garçons est encore une spécialité française. Rien d'étonnant si ces carences affectent le niveau des compétences des adultes comme le montre l'enquête PIAAC (le programme d'évaluation des compétences des adultes de l'OCDE), livraison après livraison. La dernière en date précise que la France fait partie des 11 pays qui affichent « des performances systématiquement inférieures à la moyenne de l'OCDE dans tous les domaines de compétences ». Une confirmation, s'il en était besoin, que le décrochage de l'économie européenne, en particulier de l'économie française, démarre dès l'école.

Pour nourrir une économie du savoir, il s'agit pourtant de former suffisamment de techniciens supérieurs, d'informaticiens, d'ingénieurs, d'économistes et autres chercheurs pour rester productif au niveau international. Et, pour cela, il ne suffit pas d'être réputé, comme c'est le cas de la France, pour le nombre de médaillés Fields. C'est d'ingénieurs et de techniciens supérieurs que nous avons besoin. Or nous sommes loin du compte si l'on en croit les enquêtes OCDE. L'Hexagone ne compte que 20 % d'élèves de CM1 « bons » ou « très bons » en maths (contre 38 % en Allemagne et 53 % au Royaume-Uni), soit un peu moins de 160 000 individus (si on considère un nombre moyen de 800 000 élèves par classe d'âge) quand nous aurions besoin de bien plus chaque année. Notamment des jeunes filles dans les filières scientifiques. Avec, pour résultat, une présence féminine *a minima* dans les filières éducatives et professionnelles scientifiques de haut niveau.

À Polytechnique, le nombre de femmes ne cesse de chuter, avec seulement 16 % des admis à la rentrée 2024 (21 % en 2023). D'une manière générale, la proportion des femmes diplômées dans les sciences, technologies, ingénierie et mathématiques a baissé de 6 % entre 2013 et 2020 selon l'enquête *Gender Scan Etudiants 2024*[1] du cabinet Global Contact quand, dans le même temps,

1. « La proportion d'étudiantes dans les sciences et technologies en forte baisse, les professionnels et les acteurs se mobilisent », *Gender Scan Etudiants 2024*, 20 février 2024.

elle augmentait de 19 % en Europe. La dernière enquête TIMSS montre que les écarts entre filles et garçons ne cessent de s'aggraver dès le primaire et en la matière la France fait partie des plus mauvais élèves du monde. Comment rendre l'économie française plus performante en se passant pratiquement de la moitié de la population ? Il y a urgence à combattre les *a priori* culturels des professeurs, des familles et des jeunes filles elles-mêmes.

Résumons-nous. L'économie française ne dispose pas aujourd'hui du niveau d'éducation et de compétences nécessaire à l'amélioration de la productivité et de la croissance potentielle. Pourtant la France ne peut se permettre de rater le train des nouvelles révolutions technologiques. Circonstance aggravante, le système éducatif français est profondément inégalitaire. Il renforce les inégalités héritées de la famille puisque l'écart entre le niveau des enfants de parents socialement favorisés et celui des enfants de parents défavorisés est parmi les plus élevés de l'OCDE, contribuant ainsi à paralyser la mobilité sociale.

Sans prétendre être des spécialistes de l'éducation, nous voulons insister ici sur l'urgence de réformer le système éducatif, préalable à tout redressement économique. En commençant dès la maternelle et le cours élémentaire, un des points faibles actuels (avec l'université à l'autre bout de la chaîne). Et pour ce faire, il est nécessaire de modifier en profondeur (et dans la durée) tant l'approche pédagogique et les techniques éducatives que la formation et le rôle des enseignants.

En Europe, depuis les années 1980, le système finlandais fait toujours figure de modèle (bien qu'il connaisse un passage à vide dans le dernier classement PISA...), lui-même inspiré du modèle singapourien, la star mondiale des systèmes éducatifs. Il préfère lui aussi l'apprentissage aux enseignements standardisés, privilégie les interactions et le travail en groupe, et se préoccupe du bien-être des enfants et des étudiants comme éléments essentiels de la réussite scolaire et du développement personnel. L'acquisition des bases du raisonnement et du langage, mais aussi de l'autonomie dans l'apprentissage, permet aux jeunes Finlandais de poursuivre avec succès des études supérieures. À l'issue du cursus scolaire et universitaire, l'économie finlandaise dispose ainsi d'une large base de travailleurs bien formés et désireux de continuer à apprendre. Le système éducatif finlandais relève aussi d'une philosophie qui privilégie l'égalité des chances sur l'élitisme et met l'accent sur des principes tels que la réduction des inégalités sociales grâce à l'éducation.

L'efficacité du système éducatif finlandais repose aussi sur la qualité des enseignants, qui suivent un programme de formation exigeant, jouissent d'un haut niveau d'études avec des sessions régulières et consistantes de formation continue (en France, le Plan mathématiques par exemple ne prévoit que 18 heures par an de formation continue). Une approche qui vise à favoriser leur autonomie et leurs capacités à améliorer constamment leurs techniques d'enseignement. Les candidats enseignants se voient proposer des carrières attractives afin d'attirer les meilleurs. Leurs rémunérations sont de bon niveau et leur réputation excellente. Parfaitement insérés socialement, ils sont ainsi en situation d'entretenir une relation de confiance avec les élèves comme avec leurs parents et de rendre l'école plus attrayante pour les enfants.

Après avoir évoqué ce qui nous paraît être les priorités d'action au niveau national, nous allons de la même manière évoquer celles qui nous semblent nécessaires au niveau de l'UE pour faire en sorte que l'écosystème européen vienne en appui de la renaissance économique européenne. Il est en effet des domaines où l'échelle nationale ne semble plus pertinente, notamment en ce qui concerne une éventuelle réindustrialisation (voir encadré 3) mais où l'UE doit prendre le relais après des années, pour ne pas dire des décennies, en demi-teinte. C'est le cas, selon nous, pour ce qui concerne l'industrie : autant la réindustrialisation au niveau de l'Hexagone nous semble irréaliste, autant elle est vitale (et urgente) au niveau européen.

Encadré 3.
Industrie française, la grande illusion

On s'interroge souvent en France sur les moyens qui permettraient un redressement de l'industrie tricolore, mais il faut se rendre à l'évidence : la France n'a pas d'avantages comparatifs favorables au développement de l'industrie. Nous mentionnerons ici les quatre points de faiblesse essentiels :

• L'insuffisance des compétences nécessaires à l'industrie. Le niveau en mathématiques et en sciences des jeunes Français comme des adultes est faible et ne cesse de reculer, ainsi que le montrent toutes les enquêtes OCDE sur le sujet (voir plus haut).

• Le coût du travail avec une heure de travail dans l'industrie (charges sociales comprises) à 48 dollars quand elle ne coûte que 2 dollars en Thaïlande ou aux Philippines, 6 en Turquie, 10 dollars en Chine ou en Roumanie, 12 en Pologne et en République tchèque, 14 en Hongrie, 16 au Portugal, 18 en Slovaquie, 21 dollars en Corée du Sud, 28 dollars en Espagne, 29 aux États-Unis, 33 en Italie. Dans ce domaine, il est plus facile de rechercher les pays qui sur la planète affichent un coût de l'heure de travail supérieur à la française !

• Le coût élevé de l'énergie. Le prix du gaz naturel, en particulier, a fortement augmenté en Europe depuis l'invasion de l'Ukraine par la Russie alors qu'il était auparavant à un niveau comparable à celui des États-Unis. Désormais, on parle d'un rapport d'au moins un à quatre pour 1 MWh, ce qui représente une forte incitation à délocaliser pour les industries européennes.

• La faiblesse de l'effort de recherche-développement (2,2 % du PIB en France contre 3,54 % aux États-Unis) et du taux d'investissement dans les nouvelles technologies (2,3 % du PIB en France contre 5,4 % aux États-Unis). En 2023, la France comptait seulement 186 robots installés pour 10 000 salariés de l'industrie manufacturière, en queue de peloton des pays de l'OCDE avec l'Espagne et la Finlande, quand la Corée du Sud en comptait plus de 1 000, Singapour 770, la Chine 470, l'Allemagne 430, le Japon 419. On observe donc logiquement un recul global du niveau de gamme de l'industrie et une dégradation du commerce extérieur en dépit du succès de quelques secteurs (aéronautique, luxe et, dans une moindre mesure, pharmacie).

Si l'on ajoute à ces facteurs structurels la mauvaise image de l'industrie dans la population, et en particulier chez les jeunes, on doit conclure que la réindustrialisation à la française ressemble à une grande illusion, à l'exception peut-être de quelques filières d'avenir qu'il s'agit d'investir avant qu'il ne soit trop tard.

Une politique industrielle européenne, l'Union fait la force ?

Depuis les origines de l'intégration européenne, la politique industrielle est restée majoritairement une compétence des États membres. La récente montée des tensions géopolitiques, les ambitions industrielles des États-Unis et de la Chine, les impératifs de la transition énergétique, la prise de conscience de la dépendance par rapport à certains composants critiques ou matières premières ont incité la Commission européenne à présenter une stratégie industrielle coordonnée au service de l'autonomie stratégique du continent et de la transition écologique. L'union fait la force, dit-on. Toutefois, l'union à la mode européenne chemine lentement quand ses principaux concurrents ont pris plusieurs longueurs d'avance et continuent d'accélérer.

Souvent pour de mauvaises raisons, les dirigeants européens, politiques ou économiques, ont en effet du mal à se départir de leurs réflexes nationaux et privilégient trop souvent la concurrence à la coopération européenne. Ils manquent aussi cruellement d'une vision de long terme sur l'avenir industriel de leur propre pays, *a fortiori* de l'ensemble du continent. Quant à l'échelon bruxellois, son tropisme naturel l'entraîne plutôt vers la culture de la concurrence que vers celle d'une véritable stratégie industrielle alors qu'il s'agirait plutôt de les articuler : mettre en œuvre une politique industrielle européenne en définissant précisément des secteurs stratégiques pour y faire émerger des firmes européennes de taille mondiale sans renoncer à faire respecter les règles de la concurrence. Or tel n'est pas cas. Résultat : l'Europe n'est jamais à la bonne échelle pour être compétitive et rester dans la course face aux États-Unis et à la Chine. Pour illustrer le propos, nous avons choisi d'évoquer deux exemples parmi tant d'autres : le projet IRIS et le *Chips Act*…

Présenté comme « une avancée majeure pour la souveraineté européenne et la connectivité sécurisée » avec un réseau de 290 satellites prévus d'ici à 2030, le projet IRIS (*Infrastructure for Resilience, Interconnectivity and Security by Satellite*) est doté d'un budget de 10 milliards d'euros. Les chiffres peuvent paraître spectaculaires mais perdent de leur superbe dès lors qu'on les rapproche des objectifs américains (le projet SpaceX d'Elon Musk et le projet Kuiper d'Amazon) et chinois (Qianfan), lesquels annoncent respectivement 12 000, 3 200 et 15 000 engins en orbite à l'horizon 2030. En outre, calé en partie sur l'intégration de satellites déjà en orbite et propriété de différents opérateurs européens plutôt que sur des satellites de nouvelles générations, le projet IRIS expose l'Europe à un risque d'obsolescence rapide face à des concurrents qui déploient des technologies de pointe, si l'on en croit de nombreux experts. Si tel devait être le cas, l'incapacité de l'UE à bâtir un écosystème numérique européen (réseaux 5G, systèmes d'exploitation, réseaux sociaux, marché du smartphone…) ne serait pas « réparée » mais bel et bien entérinée.

Dans le même ordre d'idées, la Cour des comptes européenne a publié en janvier 2025 une étude sur le retard du continent dans le domaine des puces électroniques[1], véritable cerveau des systèmes modernes : des voitures aux hôpitaux, des avions aux loisirs, en passant par les systèmes de défense modernes, rien ne fonctionne sans elles. « Dans une voiture moderne, il y a environ 1 500 micropuces. D'ici à 2030, ce nombre devrait atteindre 3 000 », affirme Annemie Turtelboom,

1. *La Stratégie de l'UE en matière de microprocesseurs. La mise en œuvre progresse raisonnablement, mais le* Chips Act *ne sera sans doute pas suffisant pour atteindre l'objectif trop ambitieux fixé dans le cadre de la décennie numérique*, Cour des comptes européenne, rapport spécial décembre 2025, Office des publications de l'Union européenne, 2025.

l'une des auteurs. L'audit porte au départ sur la manière dont la politique industrielle de l'UE est censée avoir permis de renforcer l'autonomie stratégique de l'industrie européenne des microprocesseurs mais c'est pour constater que le *Chips Act* sera insuffisant pour atteindre l'objectif fixé dans le cadre de la décennie numérique, à savoir atteindre une part de 20 % de la production mondiale en valeur en 2030. Selon leurs calculs, les auteurs estiment qu'on sera plutôt aux alentours de 11,5-12 % avant de conclure, en termes diplomatiques mais clairs : « L'UE a peut-être vu trop grand au regard du mandat et des ressources limitées de la Commission, de la dépendance à l'égard des actions des États membres, du niveau d'investissement du secteur privé et d'autres facteurs, comme la facture énergétique. » Avec des conséquences qui iront largement au-delà des marchés de l'intelligence artificielle, voire du numérique tant les microprocesseurs sont devenus une composante incontournable de toute politique industrielle.

Le projet IRIS comme le *Chips Act* ressemblent à s'y méprendre à un concentré du mal européen. Des ressources trop limitées, des États membres qui trop souvent veulent continuer à jouer en solo alors qu'il faudrait faire des choix géographiques en renonçant à une concurrence intra-européenne mortifère pour tout le monde, un niveau d'investissement et de R&D du secteur privé insuffisant, sans oublier la facture énergétique et la dépendance aux matériaux critiques.

Comment faire pour que l'approche et les comportements des acteurs changent pour les filières du futur, outre l'IA et les batteries électriques, l'hydrogène bas carbone, le spatial, le micronucléaire, entre autres ?

La politique industrielle commune requiert un vaste ensemble de décisions portées par une volonté politique claire et une gouvernance fondée sur la constance. Il s'agit de développer des filières performantes autour des technologies de rupture en posant des choix et en évitant une concurrence intracommunautaire stérile, mais aussi d'utiliser tous les leviers possibles pour défendre nos intérêts face à la compétition internationale, sans s'interdire quoi que ce soit : patriotisme économique lorsque c'est nécessaire, notamment pour les industries naissantes ; limitation de la concurrence entre acteurs européens sur des technologies sœurs ; fléchage des investissements ; définition de normes en matière de transition énergétique…

Une stratégie commerciale commune ne doit pas non plus être négligée : mécanisme de réciprocité sur les marchés publics, ajustement carbone aux frontières, lutte antidumping, sécurisation de l'approvisionnement en matières premières critiques… Sur ce dernier point, la Commission a commencé à se mobiliser en se souvenant que la Chine est le premier fournisseur tant mondial qu'européen pour la majorité des matières premières critiques, y compris la barytine, le bismuth, le gallium, le germanium, le magnésium, le graphite naturel, toutes les terres rares (lourdes et légères), le tungstène et le vanadium, ce qui en soi constitue un risque stratégique qui peut devenir existentiel. En mars 2024, la Commission européenne a rendu public un règlement sur les matières premières critiques avant, un an plus tard, de rédiger une liste de 47 projets stratégiques destinés à mieux exploiter les terres rares et matériaux critiques en Europe[1]. La France est

1. Ledroit V., *Terres rares et matériaux critiques : où se situent les 47 projets stratégiques de l'UE ?*, Toute l'Europe, 5 juin 2025.

concernée au premier chef par 9 d'entre eux, notamment pour l'exploitation du lithium, du graphite, des aimants aux terres rares[1], du nickel, du cobalt et du manganèse.

Enfin, en ce qui concerne les biens notamment industriels, il est essentiel pour l'Europe de ne pas succomber à la tentation de répondre au protectionnisme par le protectionnisme. Certes, il est normal de protéger nos industries, en particulier des produits massivement subventionnés par les États, mais il est important de rester dans le cadre de l'OMC. Avec sa démographie défavorable, donc une demande intérieure faible, et un degré d'ouverture élevé (les exportations chinoises pèsent 19 % du PIB, les exportations européennes 30 %), l'Europe a besoin de signer des accords de partenariat avec le reste du monde. Dans un monde totalement protectionniste, elle serait condamnée !

La question de la transition énergétique entre également dans le champ de notre réflexion sur l'avenir de l'industrie européenne et sur ses conséquences en matière de lutte contre le réchauffement. Jusqu'à une période récente, un débat s'est développé sur la question de savoir s'il était pertinent pour l'Europe d'engager d'énormes investissements dans la perspective d'une transition énergétique quand de nombreux pays sur la planète, à commencer par les grands producteurs de carbone que sont l'Amérique et la Chine, ne sont pas décidés à s'infliger un tel surcoût synonyme de handicap industriel et commercial. Mais récemment les travaux de deux chercheurs ont contribué à changer la manière de réfléchir à cette question.

1. Un aimant aux terres rares (notamment à base de néodyme, de fer et de bore) est un type d'aimant permanent fabriqué à partir d'alliages d'éléments de terres rares. Ils sont utilisés dans de nombreux secteurs de pointe (électronique, électrotechnique, mécanique).

Ne pas céder sur la transition énergétique

Adrien Bilal[1], professeur de macroéconomie à l'université de Stanford et spécialiste de l'économie du climat, et Diego Känzig se sont attachés à évaluer les conséquences du changement climatique avec une méthodologie différente de ce qui a été fait jusqu'à présent. Les deux chercheurs regardent directement comment les fluctuations de la température mondiale affectent l'activité économique et concluent que lorsque la température mondiale augmente transitoirement de 1 °C, cela implique une réduction très persistante du PIB mondial de l'ordre de 12 % (les précédents travaux limitaient plutôt cette réduction à 2 %).

La différence s'explique par un changement d'approche : les travaux précédents s'attachaient à étudier l'effet de la température locale (pays ou régions). En bref, lorsqu'en France il fait un peu plus chaud qu'en Allemagne, on comparait l'évolution du PIB tricolore par rapport à l'Allemagne et on en déduisait les coûts climatiques. Dans ses travaux, le tandem est parti de l'observation que la température au niveau d'un pays est une représentation incomplète du changement climatique parce que celui-ci se traduit par une augmentation de la température mondiale qui passe aussi par un réchauffement des océans. Or celui-ci est implicitement passé sous silence dans la comparaison France-Allemagne sous-tendue par les analyses traditionnelles. Quand les océans se réchauffent, les régimes d'évaporation se modifient tout comme les

1. Bilal A., Känzig D. R., *The Macroeconomic Impact of Climate Change : Global vs. Local Temperature*, National Bureau of Economic Research, working paper 32450, novembre 2024.

régimes de précipitations, d'orages et de tempêtes tropicales. La prise en compte de tous ces phénomènes constitue la différence principale avec les études précédentes et explique que, dans l'analyse de Bilal et Känzig, les conséquences du changement climatique sont environ six fois plus importantes.

Cette approche modifie radicalement la recherche de solution : il n'est plus indispensable que tous les pays, en tout cas tous les gros émetteurs, fournissent un effort conjoint. Menée à l'échelle d'une économie comme l'économie européenne, la décarbonation devient rentable, même si l'Europe est la seule à s'y engager. Même si notre continent est le seul sur la planète à lutter contre les émissions de gaz à effet de serre, il a intérêt à le faire (même si l'Europe ne représente que 6 % des émissions de CO_2). Grâce à la transition énergétique, l'Europe peut sauver son économie et devenir un leader technologique dans ce secteur.

Deuxième niveau de la réflexion : il viendra un temps où tous les pays prendront conscience du fait qu'ils doivent décarboner leur économie. Si l'Europe a pris de l'avance, elle disposera alors d'un avantage compétitif et pourra bénéficier de la localisation d'activités, en particulier industrielles, dont la technologie serait verte en Europe contrairement aux autres pays qui auront pris du retard dans la décarbonation. Pour une fois, le Vieux Continent aurait investi sur le long terme !

L'évocation de ces quelques pistes destinées à remettre le modèle économique européen sur les rails du succès confirme à quel point les besoins d'investissement sont considérables dans un contexte où déficits et dettes se situent déjà à des niveaux stratosphériques. En tout cas pour la France. Sachant que les réformes structurelles, en admettant qu'elles soient engagées au plus vite, ne commenceront à produire leurs effets qu'à moyen terme, nous voudrions pour conclure insister sur deux derniers points susceptibles sinon de tout changer, du moins de redonner un avenir plus radieux au modèle européen : les épargnants de la zone euro doivent investir leur belle épargne sur le Vieux Continent et la BCE doit rouvrir un *quantitative easing* (assouplissement quantitatif) pour apporter sa contribution au redressement européen.

Garder notre épargne plutôt que de la laisser partir à l'étranger

Première évidence : nous ne pourrons pas faire face à nos besoins d'investissement si l'UE laisse partir son épargne à l'étranger comme elle le fait actuellement au lieu de l'investir dans l'avenir de ses ressortissants. Une partie importante de l'épargne des résidents de la zone euro est en effet prêtée au reste du monde (3 points de PIB), et en particulier, comme on l'a vu, aux États-Unis (l'excédent de la balance courante de la zone euro, soit 2,8 % du PIB grâce essentiellement à l'Allemagne et aux Pays-Bas, financerait 60 % des dépenses européennes supplémentaires nécessaires, y compris les dépenses militaires, déjà évoquées). La cause essentielle d'une telle migration relève de l'évidence : le niveau du fameux rendement du capital (ROE) outre-Atlantique. Pour réduire le différentiel de rendement entre les deux rives, il faut sans tarder investir dans les technologies de l'avenir et le développement de secteurs qui offrent des niveaux de productivité et de rentabilité élevés (le numérique, la pharmacie, le spatial…) afin de dessiner un mix sectoriel européen qui, à l'instar du modèle américain, soit favorable à l'augmentation du rendement du capital.

Ensuite, il s'agit aussi d'éviter que les entreprises nouvellement créées, notamment dans les technologies d'avenir, aillent chercher l'argent de leur développement à l'étranger en raison du sous-développement du capital-risque européen (rappelons que le venture capital européen se situe pratiquement dans un rapport de 1 à 15 avec son homologue américain). Pour favoriser le développement des jeunes pousses européennes, on avance souvent l'idée qu'un financement sur les marchés financiers serait plus efficient que le financement bancaire. Nous pensons toutefois qu'un tel transfert serait difficile en Europe dans la mesure où il supposerait une modification du fonctionnement des systèmes de retraite et du marché du travail (voir encadré 4). En revanche, une piste plus féconde consisterait à modifier Solvabilité II, autrement dit la réglementation des assurances européennes, afin de permettre aux compagnies de détenir davantage de capital-risque (*private equity*). La norme actuelle (49 centimes de capital pour 1 euro investi en capital-risque) nous semble trop exigeante dans la mesure où le *private equity* est un investissement de moyen terme avec une faible volatilité. Une modification des règles permettrait de développer le capital-risque européen, donc les sommes disponibles pour financer les investissements risqués, sans avoir à bousculer les institutions.

Encadré 4. Les firmes européennes peuvent-elles se financer sur les marchés financiers ?

L'insuffisance des investissements risqués fait consensus en Europe.

On suggère souvent (par exemple, le rapport Draghi) qu'un financement des entreprises européennes sur les marchés financiers serait plus efficace que le financement bancaire historiquement dominant en Europe, en particulier en raison de l'inadaptation de ce dernier au financement de l'innovation ou des start-up avec possibilité de rentabilité forte mais probabilité aussi d'échec élevée. Nous pensons toutefois qu'une telle évolution serait très difficile à mettre en œuvre sur le Vieux Continent pour des raisons institutionnelles.

D'abord, elle imposerait une modification du fonctionnement des institutions qui régissent le marché du travail. Un financement sur les marchés financiers impose aux entreprises d'ajuster leurs coûts très rapidement en raison de la volatilité des indices boursiers et des spreads de crédit (en période de chute des indices et d'élargissement important des spreads, l'accès aux marchés financiers est en réalité quasiment fermé), mais cet ajustement rapide des coûts est incompatible avec le niveau élevé de protection de l'emploi qui caractérise le modèle européen. Ensuite, elle se heurterait à la faible taille des fonds de pension en Europe (22 % du PIB contre 155 % aux États-Unis).

D'où la proposition de permettre aux assureurs européens de détenir davantage de *private equity* en réduisant le montant des fonds propres qui leur sont nécessaires lorsqu'ils investissent dans ce domaine (actuellement 49 %).

Le système financier européen doit être aussi plus efficace pour tenir son rôle de réseau sanguin susceptible d'irriguer l'économie. Reparlons donc de l'Union des marchés de capitaux, véritable serpent de mer des sommets européens depuis au moins dix ans sans que l'on puisse relever d'évolution significative car si, sur le papier, les capitaux peuvent circuler librement entre les États membres, en pratique de nombreux obstacles législatifs et culturels se dressent sur leur chemin faute de parvenir à harmoniser les législations entre pays. La compétitivité financière de l'Europe se dégrade (on a privilégié la précaution plutôt que la prise de risque), empêchant une allocation optimale de l'épargne, notamment vers le financement à long terme. Or, selon certains experts, une Union des marchés de capitaux plus intégrée permettrait de mobiliser plusieurs centaines de milliards d'euros supplémentaires par an.

Au demeurant, l'existence d'un superviseur unique, de produits financiers identiques, ne résoudrait pas pour autant le problème de l'émiettement de la dette publique en Europe. D'où la proposition de voir l'UE lever de la dette publique en lieu et place des différents États membres pour financer les énormes besoins d'investissement dont nous avons parlé, car l'appétit pour la dette de l'UE est grand et celle-ci est notée AAA ou AA+ selon les agences de *rating*. Elle serait donc beaucoup plus attractive que celle des pays pris individuellement. Ajoutons sur ce point que, depuis quelques mois, la politique américaine et les incertitudes qu'elle génère sur les marchés financiers faciliterait l'opération.

Dans la bataille qui s'engage, il s'agit de mobiliser toutes les forces, tous les moyens qui sont à notre disposition pour atteindre les objectifs que l'Europe s'est fixés. C'est donc le moment de s'interroger aussi sur les objectifs de la politique monétaire européenne : est-il plus important que la Banque centrale européenne (BCE) mène à bien coûte que coûte la lutte engagée contre l'inflation ou peut-on imaginer qu'elle participe au financement des investissements colossaux qui sont nécessaires, par exemple en acquérant une partie des dettes publiques ?

La BCE doit renouer avec le quantitative easing

Actuellement, la Banque centrale européenne pratique le *quantitative tightening* (QT), littéralement « resserrement quantitatif », ce qui signifie qu'elle impose une cure d'amaigrissement à la taille de son bilan afin de réduire la quantité de monnaie en circulation (la base monétaire de la zone euro est de 4 500 milliards d'euros). Souvent utilisé après une période d'assouplissement quantitatif (*quantitative easing* ou QE[1]), le QT est censé retirer l'excès de liquidités issu de la période précédente. La Banque centrale n'achète plus de titres sur le marché, la demande pour ces titres diminue, ce qui peut entraîner une hausse des taux d'intérêt à long terme, laquelle rend les emprunts plus coûteux et peut entraîner une baisse de la consommation et de l'investissement. À la faveur d'une phase de *quantitative tightening*, la Banque centrale peut également renoncer à renouveler des titres arrivant à maturité voire pratiquer une vente de titres. Par la réduction de la masse monétaire, les banquiers centraux espèrent ainsi contrôler l'inflation, prévenir les dangers associés à une économie en surchauffe et normaliser la taille de leur bilan.

Nous pensons toutefois que la priorité de la Banque centrale est ailleurs si les pays de la zone euro veulent éviter le décrochage définitif et investir massivement sur l'avenir,

1. Le *quantitative easing* (QE) correspond à des achats de dettes publiques par la Banque centrale qui s'engage à ne jamais les revendre, ce qui, dans ces conditions, équivaut à une annulation de la dette publique puisque la Banque centrale reverse ses profits aux États, ce qui signifie que cette dette n'est plus sur les marchés et est gratuite pour les États.

ce qui suppose de continuer à creuser les déficits publics. Or, pour éviter un effet désastreux sur les taux d'intérêt à long terme, il faudrait rouvrir le *quantitative easing* et le rendre irréversible, ce qui équivaudrait à l'annulation de la dette publique achetée par la BCE, donc à de la création monétaire. En effet, si la BCE achète des titres de dette publique et les renouvelle lorsqu'ils sont échus, puisqu'elle reverse ses profits aux gouvernements de la zone euro, les intérêts payés par les gouvernements à la BCE qui correspondent aux titres de dette achetés sont reversés par la BCE aux gouvernements. Cette dette publique détenue par la BCE est donc gratuite et elle est sortie du marché obligataire. Ce faisant, la BCE privilégierait clairement sa participation à la politique de réinvestissement par rapport à l'objectif d'inflation. Précision essentielle : dans notre esprit, il ne s'agit nullement de remettre à l'aveugle de la liquidité dans le système, mais d'acheter des dettes émises pour financer des investissements d'avenir. Autrement dit, de faire du *quantitative easing* « ciblé ». Évidemment, la crainte des banques centrales est aussi que cette action soit inflationniste, mais rappelons qu'en l'occurrence l'opération financerait un choc d'offre et serait donc en réalité désinflationniste, puisque les capacités de production augmenteraient, les secteurs technologiques à productivité élevée se développeraient, les gains de productivité augmenteraient enfin. Il n'y aurait donc aucun danger à financer une telle opération par de la création monétaire.

Conclusion

Alors que s'achève le premier quart d'un siècle qu'ils ont abordé avec une insoutenable légèreté et en ordre dispersé, les Européens doivent reprendre pied dans le XXIe siècle. Un défi à relever sans plus attendre sauf à donner raison à ceux qui voient déjà le Vieux Continent sortir de l'Histoire. Depuis le début du siècle, l'économie européenne décroche et vacille, incapable de défendre son rang dans la compétition internationale et de maintenir le niveau de vie de ses citoyens. L'année 2025 sera-t-elle pour l'Union européenne celle du sursaut ? L'électrochoc provoqué par la nouvelle politique américaine devrait l'inciter à réagir en procédant aux ajustements qui s'imposent et en affirmant une volonté autour d'une stratégie claire : produire davantage de richesses pour mieux défendre les intérêts vitaux du continent et continuer à financer son modèle économique et social. *Make Europe Great Again ?*

Pour conclure, nous résumons ici les mesures concrètes qu'il nous semble essentiel de prendre rapidement afin d'atteindre cet objectif. Mais comme en démocratie rien n'est possible sans l'acquiescement, et mieux encore la mobilisation, de l'ensemble du corps social, les Européens ne pourront faire l'économie d'une réflexion collective sur le contexte idéologique et politique actuel et sur le mode de gouvernance indispensable à un tel sursaut.

Des propositions concrètes

Voici quelques-unes des propositions concrètes qu'il nous paraît impérieuses de mettre en œuvre sans attendre pour extirper l'économie française (et européenne) du piège à croissance faible dans lequel elle est encalminée. Il faut agir simultanément au niveau national et au niveau européen en engageant sur les deux fronts une série de réformes ambitieuses et de long terme.

Les urgences françaises

- Réaliser un audit de la sphère publique hexagonale afin de décider ce qui doit y rester et ce qui peut être utilement privatisé comme l'ont fait les Suédois avec les transports, les écoles maternelles, la Poste…
- Gérer l'essentiel des missions de l'État en en déléguant la responsabilité à des agences régulièrement évaluées de manière indépendante à la manière suédoise afin de réduire significativement les dépenses publiques.
- Supprimer pratiquement le statut de fonctionnaire en ramenant le nombre d'emplois à statut au strict minimum

nécessaire et en transformant la majorité d'entre eux en emplois de droit privé.

• Investir massivement dans la recherche-développement et dans les innovations de rupture. Les entreprises, en particulier, doivent augmenter significativement leurs budgets R&D.

• Réformer en profondeur le système éducatif français en s'inspirant de modèles qui ont fait leurs preuves, finlandais et singapourien notamment (apprentissage, travail en groupe, développement personnel, égalité des chances). Donner la priorité aux sciences et… aux jeunes filles dans les cursus supérieurs (grandes écoles, universités). Modifier radicalement les perspectives de carrière des enseignants (haut niveau d'études, formation continue régulière et solide, rémunérations attractives…).

• Réformer la formation permanente afin que priorité soit donnée à celles et ceux qui en ont le plus besoin, les chômeurs et les salariés de plus de 60 ans quand aujourd'hui celle-ci est surtout mobilisée au profit des salariés en poste, de préférence dans les grandes entreprises.

• Faire évoluer la politique de l'emploi et préférer la protection de la personne à celle de l'emploi (qui empêche la rotation des emplois des entreprises peu productives vers les entreprises plus productives) en s'inspirant (enfin) de la flexisécurité danoise. Une telle approche ne fragilise en rien les individus, bien au contraire : elle les protège financièrement en cas de perte d'emploi tout en favorisant la mobilité professionnelle et sociale.

• Travailler à la reconquête de l'équilibre du système de retraite français en posant la question de la sous-indexation temporaire des retraites et surtout en favorisant la remontée du taux d'emploi. Ajouter éventuellement, avec prudence, une petite dose de capitalisation (par exemple, en réformant le Plan d'épargne retraite pour en faire un véritable produit d'épargne à long terme, ce qui suppose de limiter les clauses de sortie et de favoriser une sortie en rente).

Les priorités européennes

- Se donner les moyens de conserver l'épargne des Européens sur le Vieux Continent. Notamment en réformant Solvabilité II afin de permettre aux assureurs de détenir davantage de *private equity*.
- Élaborer et mettre en œuvre une véritable politique industrielle.
- Ne renoncer sous aucun prétexte à la transition énergétique, même s'il s'agit de faire cavalier seul.
- Mettre en œuvre l'Union des marchés de capitaux, notamment en harmonisant enfin les législations entre les pays, et en la plaçant sous la responsabilité d'un seul régulateur.
- Lever de la dette publique européenne en lieu et place de la dette des différents pays membres pour financer les investissements d'avenir, une dette notée AAA ou AA+ selon les agences et pour laquelle la demande est forte.
- Convaincre la BCE de participer au financement des énormes besoins d'investissement européens en rouvrant le *quantitative easing* sans craindre que la manœuvre soit inflationniste puisque cette augmentation de la création monétaire serait ciblée et financerait un choc d'offre positif.

Le meilleur programme du monde n'aura toutefois que peu de chances de succès sans le consentement, et plus encore la participation active des Européens eux-mêmes. Or, dans nos pays, ce travail de conviction reste à accomplir dans un contexte des plus incertains. D'un côté, la panne de croissance nourrit l'exaspération et le procès en inefficacité des démocraties libérales ; de l'autre, la crise de défiance qui vise dirigeants et institutions paralyse toute amorce des réformes dont nos économies ont cruellement besoin. Une dialectique mortifère qui dit tout de la fragilité du système. Celui-ci peut s'effondrer subitement, avertit l'anthropologue américain Peter Turchin[1], qui incrimine les déséquilibres économiques et surtout sociaux. Selon lui, trop d'appauvrissement d'un côté, trop d'enrichissement de l'autre minent nos sociétés. Le contrat social menace de rompre à tout moment et, pour éviter le pire, il nous faut lutter pour préserver ce qui fait le socle de nos modèles : un État et des institutions inclusives, et la démocratie.

Une nation ne doit pas être gérée comme une entreprise

Or une petite musique venue tout droit d'Amérique trouve des oreilles attentives un peu partout dans le monde. Il faudrait se libérer de l'État, de sa bureaucratie, de son impuissance, ses déficits, ses pompes et ses œuvres… La partition est jouée par une partie de

1. Turchin P., *End Times : Elites, Counter-Elites and the Path of Political Disintegration*, Penguin, 2024 ; trad. fr. : *Le chaos qui vient. Élites, contre-élites et la voie de la désintégration politique*, Le Cherche-midi, 2024.

l'entourage de Donald Trump, des libertariens qui rêvent de l'avènement d'un monde « post-État-nation », pour reprendre l'expression de Peter Thiel (PayPal), un des gourous du courant libertarien, qui déjà en 2009 imaginait un monde où l'on s'affranchirait des lois, des taxes, des réglementations, de l'antitrust et du droit du travail. En mineur, la thèse trouve un certain écho en Europe. De ce côté-ci de l'Atlantique aussi, l'air du temps est à l'État *bashing*, en tout cas dans la sphère des décideurs économiques, mais aussi de plus en plus parmi les citoyens européens.

Nous pensons que non seulement une nation ne peut pas (et ne doit pas) être gérée comme une entreprise, mais surtout que, dans le domaine économique, l'État a un rôle éminent à jouer pour peu qu'il s'en donne les moyens financiers et participe activement à la mise en œuvre d'une stratégie de croissance efficace. C'est à lui notamment qu'il revient de poser une réflexion stratégique et de proposer une vision d'ensemble des grands enjeux du futur. En matière de décarbonation, par exemple, on voit bien comment l'absence de planification stratégique des besoins industriels associés à la transition énergétique en Europe comme aux États-Unis a laissé le champ libre à la Chine. De même, dans le domaine de la recherche, les firmes américaines (même celles d'Elon Musk !) auraient en réalité été incapables de développer autant d'innovations de rupture si la voie n'avait pas été ouverte par la recherche fondamentale financée par l'État. Comment ne pas rappeler aussi que l'organisation des systèmes d'éducation et de santé pour tous ne peut être abandonnée au bon vouloir du secteur privé (sauf à faire exploser les inégalités de toutes sortes). Dans tous ces domaines comme dans bien d'autres, la disparition de l'État qui fait tant rêver nos libertariens aurait des conséquences très négatives. Sans parler du fonctionnement de l'économie de marché et de la pérennité de l'État de droit. Tel est aujourd'hui l'avertissement de certains intellectuels qui, tel Quinn Slobodian[1], professeur d'histoire internationale à l'université de Boston, voit dans l'univers privatisé dont rêvent certains une dystopie dans laquelle le citoyen disparaîtrait au profit du business, dystopie où d'ailleurs le véritable adversaire est moins l'État (même pour les libertariens, il est utile à bien des égards) que la démocratie.

C'est la démocratie qui fait la croissance et non l'inverse

Depuis des lustres, on discute à travers la planète sur les liens qui existent entre prospérité et démocratie et bien des experts ont longtemps pensé que la prospérité était en quelque sorte un préalable à la diffusion de la démocratie à travers le monde. Le débat revient en force aujourd'hui mais à front renversé dans le sillage des travaux réalisés par Daron Acemoglu, Simon Johnson et James Robinson, distingués en 2024 par le Nobel d'économie « pour la façon dont les institutions sont formées et affectent la prospérité ». La conclusion de leurs travaux est en effet stimulante en ce qu'elle renverse la démonstration : ils montrent qu'une évolution vers des institutions démocratiques produit un effet substantiel sur la croissance d'un

1. Slobodian Q., *Le Capitalisme de l'Apocalypse ou le Rêve d'un monde sans démocratie*, Seuil, 2025.

pays. C'est la démocratie qui fait la croissance et non l'inverse. C'est d'ailleurs la raison pour laquelle l'économiste turco-américain estime que l'installation de Donald Trump à la Maison Blanche va fragiliser la démocratie américaine et, partant de là, sa prospérité économique. Si la conviction des prix Nobel d'économie 2024 n'est pas partagée par tous, elle a le mérite d'alimenter la réflexion sur notre avenir commun.

L'année 2025 aura marqué les esprits parce qu'elle a relancé le débat (pour ne pas dire le combat) idéologique, et de quelle manière ! Deux conceptions de l'économie, de la vie en société et de la démocratie s'affrontent afin de dessiner un nouveau modèle pour le XXIe siècle. En démontrant sa capacité à se réformer pour s'adapter à la nouvelle donne et en se donnant les moyens de concilier harmonieusement économie de marché et démocratie, l'Europe tient peut-être là une occasion historique de proposer un nouveau modèle de croissance au monde.

Table

DES MÊMES AUTEURS
CHEZ ODILE JACOB

Quelle France en 2050 ? Face aux grands défis en Europe et dans le monde, 2024.

Pour en finir avec le déclin. Les priorités économiques et sociales de la France, 2022.

La Dernière Chance du capitalisme, 2021.

Patrick Artus

De l'économie d'abondance à l'économie de rareté, avec Olivier Pastré, 2023.

40 ans d'austérité salariale. Comment en sortir ?, 2020.

Discipliner la finance, 2019.

Cet ouvrage a été imprimé sur du papier
dont les fibres de bois proviennent
de forêts durablement gérées

Cet ouvrage a été composé en Adobe Garamond Pro et Whitney
par Nord Compo à Villeneuve-d'Ascq (Nord)

Cet ouvrage
a été achevé d'imprimer
sur les presses de la
Nouvelle Imprimerie Laballery
à Clamecy (58)
en septembre 2025

N° d'édition : 4150-1341-X – N° d'impression : 509201
Dépôt légal : octobre 2025

Imprimé en France